# la musculation pour tous

**Couverture**
- Photo:
FRANÇOIS DUMOUCHEL
STUDIO DUMOUCHEL & LEFEBVRE INC.
- Maquette:
GAÉTAN FORCILLO

**Maquette intérieure**
- Conception graphique:
JEAN-GUY FOURNIER
- Dessins:
MICHEL-GÉRALD BOUTET
- Photos:
LUC LAFERRIÈRE

DISTRIBUTEURS EXCLUSIFS:

- Pour le Canada:
**AGENCE DE DISTRIBUTION POPULAIRE INC.***
955, rue Amherst, Montréal  H2L 3K4 (tél.: 514-523-1182)
* Filiale de Sogides Ltée

- Pour la France et l'Afrique:
**INTER FORUM**
13, rue de la Glacière, 75013 Paris (tél.: (1) 43-37-11-80)

- Pour la Belgique, le Portugal et les pays de l'Est:
**S. A. VANDER**
Avenue des Volontaires, 321, 1150 Bruxelles
(tél.: (32-2) 762.98.04)

- Pour la Suisse:
**TRANSAT S.A.**
Route des Jeunes, 19, C.P. 125, 1211 Genève 26
(tél.: (22) 42.77.40)

# serge laferrière

# la musculation pour tous

## LES ÉDITIONS DE L'HOMME *

CANADA: 955, rue Amherst, Montréal H2L 3K4

*Division de Sogides Ltée

*Bibliothèque nationale du Québec*
*Dépôt légal — 1er trimestre 1982*

ISBN 2-7619-0218-1

# Avant-propos

Pendant longtemps la musculation s'est avérée l'aspect du conditionnement physique le plus négligé. Plusieurs évitaient les exercices destinés à muscler, par crainte de développer des muscles disgracieux et parce qu'ils ressentaient de l'insécurité face à l'entraînement avec haltères. Pourtant, au cours des dernières années, une constatation devenait évidente: le corps était biologiquement équipé pour l'activité physique, sans laquelle il ne pouvait que se détériorer. Lorsqu'il n'est pas suffisamment sollicité, le système musculaire apparaît souvent le système de l'organisme le plus affecté.

Aujourd'hui, le désir de se mettre en forme est là, mais souvent la connaissance n'y est pas. Or, grâce aux données actuelles en physiologie de l'exercice, les exercices de musculation sont maintenant accessibles à tous. Ce volume vous fait connaître les méthodes d'entraînement qui ont été mises au point à partir de techniques éprouvées. Ce guide s'inspire des meilleurs résultats obtenus par l'expérimentation. Mal exécutés, les exercices de musculation peuvent nuire au développement harmonieux du corps. C'est pourquoi il est important d'apprendre comment s'entraîner efficacement.

Si vous possédez à la maison un équipement de musculation, vous apprendrez à l'utiliser de la façon la plus profitable possible, en suivant les conseils donnés dans le présent volume. De plus, vous y trouverez toutes les informations relatives aux effets des exercices de musculation et aux conditions à satisfaire pour en bénéficier, dans le contexte d'un abonnement à un club de musculation. Combien s'abonnent à un centre de conditionnement physique sans savoir utiliser les appareils disponibles! Les instructeurs expliquent rarement les exercices d'une façon détaillée; un ouvrage de référence tel que *La Musculation pour tous* peut alors s'avérer un complément indispensable. Les programmes proposés vous permettront de passer d'un corps "mou" à un corps "ferme" et de le conserver ainsi le plus longtemps possible.

# 1

# Le rôle de la musculation dans un conditionnement physique complet

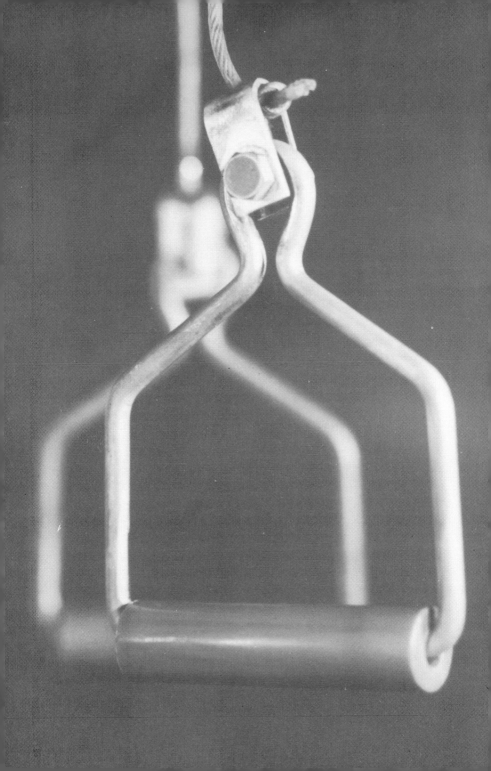

# Une évolution dans notre mode de vie

Au cours de la dernière décennie, notre mode de vie s'est transformé; chacun tente d'y incorporer des activités susceptibles d'améliorer sa condition physique. Les médias nous ont signalé l'importance de rehausser notre niveau de santé; ils nous ont fait prendre conscience d'une réalité très importante: nous devenions victimes des plaisirs offerts par la technologie moderne. En expérimentant certaines formes d'activité physique, l'individu découvre une nouvelle façon de vivre; d'abord le plaisir ressenti à la pratique même de l'activité, puis la sensation de bien-être qui s'ensuit. En dix ans, le nombre de joggeurs augmenta de 20 millions en Amérique du Nord. Le tennis, le racquetball, le cyclisme et le ski de randonnée connaissent une popularité phénoménale.

Parallèlement à cette soif d'exercice, l'alimentation est modifiée: il faut prévenir ou vraincre à tout prix cet embonpoint! Les régimes amaigrissants combinés aux programmes d'exercices deviennent la préoccupation de millions d'individus. L'intérêt envers une meilleure condition physique se manifeste principalement dans la recherche d'une meilleure condition cardio-vasculaire et dans le souci d'éliminer l'excédent de gras. Si l'endurance aérobie et le pourcentage de graisse dans le poids corporel constituent les deux principaux facteurs d'une bonne condition physique, il importe de signaler que la vigueur musculaire complète le tableau comme troisième facteur. L'intérêt d'une meilleure vigueur musculaire n'est peut-être pas très évident; il faudrait cependant vérifier le nombre d'inscriptions dans les clubs de musculation et les ventes d'équipement de musculation pour constater à quel point cette forme d'entraînement devient populaire.

Après s'être occupé des deux premiers paramètres de sa condition physique, l'individu s'attaque maintenant au troisième. Pour s'acquitter de ses tâches quotidiennes avec plus d'énergie et pratiquer son sport favori sans trop de fatigue, il doit aussi entretenir son système musculaire. Les muscles qui se lamentent à l'effort ont souvent été négligés. Tout comme le système circulatoire, le système musculaire constitue une partie essentielle de notre anatomie. Les muscles ne nous permettent pas seulement de bouger, mais aussi de nous exprimer, car ils reflètent notre vitalité. Notre posture et notre apparence sont fortement influencées par l'état de notre système musculaire. Plus nos muscles sont en forme, plus nous pouvons pratiquer n'importe quelle activité physique, qu'il s'agisse de monter un escalier, de déplacer un objet ou de jouer au tennis. Après avoir travaillé l'aspect musculaire, vous aurez encore plus de plaisir à skier, à nager ou à jogger. En évitant les blessures et en prévenant les courbatures du lendemain grâce à un tonus musculaire suffisant, la pratique des sports devient plus agréable.

## Des effets apparents

La vogue du conditionnement physique a contribué à accroître l'intérêt de la population envers la musculation. Après avoir exploré les possibilités de son corps, l'individu désire souvent le découvrir davantage. Il espère pouvoir trouver ce que le jogging et le ski de fond ne lui ont pas apporté: une amélioration apparente de sa condition physique. Une meilleure endurance aérobie se traduit par l'énergie supplémentaire qui accompagne toutes vos activités, mais n'est pas très perceptible par l'entourage. Plusieurs voudraient maintenant des résultats apparents, qui puissent modifier leur aspect extérieur.

La recherche de l'esthétique a souvent été ignorée des promoteurs de la condition physique; or, combien de personnes ne sont-elles pas préoccupées par leur tour de taille, leurs grosses cuisses ou leurs épaules tombantes? Vouloir posséder un corps qui soit conforme aux critères de l'esthétique constitue un désir légitime. Combien de femmes ne sont-elles pas prêtes à toutes sortes de sacrifices, même à se soumettre à la chirurgie, pour grossir leur buste ou rapetisser leurs cuisses? L'industrie des diètes et des médicaments qui garantissent une perte de poids connaît en Amérique un chiffre d'affaires annuel de quelque trois milliards. Il existe donc chez la population un besoin de mieux paraître. Ces produits soi-disant efficaces pour refaire un corps idéal s'adressent cependant à la personne passive. Celle-ci expérimente d'abord ce type de solution avant de se rendre compte qu'elle doit quitter sa passivité et passer à l'action si elle veut obtenir des résultats significatifs. Les hommes constatent souvent que le golf et le bricolage ne suffisent pas à raffermir la région des épaules. Dans les studios de santé, les femmes abandonnent la ceinture vibratoire et le rouleau-masseur pour s'adonner à des exercices plus profitables.

Les exercices de musculation respectent toutes les conditions nécessaires à la modification apparente de votre forme physique et ils peuvent ainsi donner des résultats plus rapides et plus encourageants que les exercices à mains libres, les exercices de yoga, le jogging, le squash ou tout autre sport. Dans une activité sportive, le corps n'est pas soumis progressivement à des demandes plus exigeantes; il peut parfois devoir fournir des efforts excessifs. Par contre, à d'autres moments, il ne donnera pas son plein rendement: les muscles ne sont donc pas soumis à un effort progressif. Or, leur adaptation à toute surcharge en dépend. Dans une activité sportive, vous ne pouvez pas faire travailler toutes les parties du corps à une même intensité; dans un programme de musculation, c'est possible.

Les progrès réalisés dans un programme de musculation peuvent être facilement notés; il suffit de mesurer sa capacité à soulever des charges de plus en plus lourdes. Les exercices sont faciles à apprendre et requièrent un minimum d'équipement. Comparativement à l'équipement exigé dans d'autres activités, les haltères ne coûtent pas cher et constituent un achat durable.

Bien que nous arrivions parfois à camoufler des muscles flasques sous des vêtements qui nous avantagent, nos mouvements risquent cependant de nous trahir. L'apparence physique ne doit toutefois pas constituer le seul but des exercices de musculation, car la vigueur musculaire comporte une plus grande utilité. Plusieurs ne parviennent jamais à pratiquer le sport qui les intéresse, parce qu'ils ne possèdent pas le minimum de force musculaire nécessaire à la maîtrise des habiletés requises et ce, malgré toutes les meilleures intentions! Pensons aux situations d'urgence où, grâce à un niveau de force suffisant, vous pouvez avoir la vie sauve ou sauver la vie de quelqu'un, qu'il s'agisse de se maintenir suspendu à une corniche, de grimper à un câble, de se déplacer rapidement devant l'automobiliste qui a perdu la maîtrise de son véhicule ou de déplacer un objet lourd sous lequel une personne qui vous est chère serait emprisonnée. Certes, il s'agit là d'imprévus, d'occasions rares, mais pourquoi ne pas être prêt à y faire face? Que penser, enfin, de la situation extrême, mais possible, où une mère aurait peine à soulever son nouveau-né? Les muscles constituent une réalité, et il nous faut vivre avec cette réalité.

# Musculation, haltérophilie et culturisme

Le terme "musculation" est souvent associé à "haltérophilie". L'haltérophilie constitue une discipline olympique qui utilise le même type d'équipement, mais elle diffère de la musculation par ses objectifs, par ses méthodes d'entraînement et par ses techniques. Ce sport recrute présentement peu d'adeptes. C'est à partir de 1880 que cette discipline s'est développée; il s'agissait alors de couronner l'homme le plus fort. Grâce à sa force brute, le Québécois Louis Cyr remportait ce titre en 1886. Ses exploits restèrent longtemps célèbres dans les annales de ce sport. À 23 ans, pesant 136 kilos, il pouvait soulever du sol, d'une seule main, un haltère de 448 kilos et réussir un arraché de 862 kilos. À Boston, en 1885, Cyr souleva 1954 kilos en utilisant, en plus des bras, la force des jambes et de tout le corps. Un record qui passa à l'histoire.

La plupart d'entre nous associons aussi "musculation" à "culturisme*". En constatant que la levée de poids faisait grossir les muscles, certains décidèrent d'en faire un objectif. La grosseur des muscles allait maintenant être évaluée dans toutes sortes de concours. Les spécialistes en éducation physique constatèrent tôt les risques d'un tel entraînement: des muscles gonflés, raccourcis, des articulations peu protégées et une flexibilité réduite. Les instructeurs déconseillaient ce type d'entraînement à leurs athlètes et les éducateurs physiques dénonçaient cette prétendue forme physique. Ce n'est qu'au cours des dernières décennies que les spécialistes en conditionnement physique commencèrent à s'intéresser à cette forme d'entraînement. Peut-être qu'en modifiant les exercices,

---

* Méthode d'entraînement qui consiste à faire travailler certains groupes musculaires pour les développer de façon apparente.

leur exécution et les méthodes d'entraînement, ces exercices pourraient devenir utiles! Les premières études sérieuses, portant sur les exercices à résistances progressives, apparurent en 1945 en médecine physique et réhabilitation avec DeLorme. Il s'agissait alors de réhabiliter les muscles blessés ou d'accroître leur force durant la période de convalescence suivant une longue maladie. En 1956, Hellebrandt et Houtz cherchèrent des applications à ces exercices pour améliorer la performance des athlètes. En 1965, Richard A. Berger, en physiothérapie, compara différentes méthodes visant à améliorer la force et présenta les premières recherches avec des résultats véritablement significatifs. Dès lors, l'entraînement avec haltères allait être régi par des règles scientifiques et des méthodes éprouvées. Aujourd'hui, il est possible d'utiliser les exercices de musculation pour développer des qualités susceptibles d'améliorer la condition physique. Les exercices de musculation ne peuvent cependant pas améliorer l'essentiel de la condition physique, c'est-à-dire l'endurance aérobie, ni diminuer de façon significative le pourcentage de graisse dans le poids corporel. Pour mieux comprendre le rôle que ces exercices peuvent jouer dans l'amélioration de la vigueur musculaire — troisième facteur de la condition physique — examinons de plus près les effets de ces exercices.

# L'amélioration de la vigueur musculaire

C'est sur le système musculaire que l'individu est le plus en mesure d'agir. Il peut, certes, améliorer l'efficacité de ses systèmes cardio-vasculaire et pulmonaire en augmentant son endurance aérobie, mais dans une proportion qui excède rarement 30%. Or, il nous est possible d'améliorer notre force musculaire dans une proportion de 100%, et notre endurance musculaire, de 500%.

La force et l'endurance représentent les deux qualités musculaires les plus recherchées. La force reflète l'habileté d'un muscle à développer le plus de tension possible lors d'une contraction maximale. L'endurance se caractérise par la capacité du muscle à maintenir le plus longtemps possible une contraction modérément intense ou à répéter le plus souvent possible ce genre de contraction. Le programme présenté dans ce volume contribue à développer ces qualités.

Les athlètes de certaines disciplines, telles que le football, le hockey et le basket-ball cherchent à développer aussi la puissance musculaire pour être à la hauteur dans les situations où la vitesse se combine à la force. D'autres voudront accroître la flexibilité des muscles et y parviendront dans un programme basé sur le développement de la force et de l'endurance. Les culturistes, qui recherchent la définition* des muscles, s'intéressent davantage à la grosseur, à la forme et à la proportion des muscles qu'à la force et l'endurance. Essayons de comprendre comment ces deux qualités sont améliorées, puisqu'elles constituent l'objectif visé par le programme proposé dans ce volume.

Le système musculaire est constitué de 434 muscles qui représentent, chez la plupart d'entre nous, entre 40% et 50% du poids du corps. Les mouvements que nous exécutons habituellement ne sollicitent que 75 paires de muscles. Ce sont ces muscles que nous travaillerons. Chaque muscle est constitué d'un paquet de fibres enveloppées à l'intérieur d'une membrane de tissu connectif. De 100 à 150 fibres sont ainsi enveloppées comme si elles l'étaient dans une saucisse. Le nombre de fibres varie en fonction de la grosseur et de la fonction du muscle. Les muscles qui contribuent à soulever et à déplacer régulièrement le poids du corps, tels que les muscles

---

* Qualité permettant de distinguer davantage un muscle grâce à son profil plus marqué.

des cuisses, présentent un plus grand nombre de fibres. Le tissu connectif, qui constitue l'enveloppe, est plus épais aux articulations où s'effectuent un très grand nombre de mouvements tels les genoux et les coudes, et qui ont besoin, par conséquent, d'une protection additionnelle.

L'entraînement ne peut pas augmenter le nombre de fibres à l'intérieur d'un muscle. Ce nombre est fixé par l'hérédité. Certains possèdent donc un plus grand nombre de fibres que d'autres et connaîtront des gains en force plus considérables. La circonférence d'une fibre musculaire peut augmenter de 30%; cette augmentation est causée par un accroissement de la quantité de protéines contractiles à l'intérieur de cette fibre. L'entraînement visant à augmenter la force contribue aussi à épaissir et à renforcer le tissu connectif qui entoure le muscle, les tendons qui attachent le muscle à l'os et les ligaments qui relient les os entre eux au niveau de l'articulation. La capacité à accroître la force musculaire dépend de l'arrangement du levier anatomique formé par l'os et le muscle, mais aussi de la grosseur et du type de fibres musculaires.

Le degré de grossissement de la fibre résultant de l'entraînement est, en grande partie, déterminé par les composantes biologiques particulières à l'individu. Aussi le développement musculaire sera plus rapide chez l'individu maigre possédant une petite ossature que chez l'individu trapu qui a de gros os. L'individu dont le muscle est composé d'une proportion plus considérable de fibres à contraction rapide aura plus de facilité à faire grossir ces fibres. Lorsque le muscle se compose en majeure partie de fibres à contraction lente, l'accroissement du diamètre de celles-ci est limité; elles peuvent cependant accroître davantage leur capacité à utiliser l'oxygène.

L'augmentation de la force n'est pas toujours accompagnée par un accroissement correspondant de la grosseur du muscle. À cause de caractères génétiques particuliers, certains connaîtront une hypertrophie* musculaire importante lorsque les muscles deviendront plus forts, tandis que chez d'autres, l'augmentation de la force ne produira qu'une très faible hypertrophie. Chez la femme, la force peut être augmentée sans grossissement apparent du muscle, ceci étant dû à une très faible concentration de testostérone dans son système hormonal. Cette concentration d'hormone mâle est naturellement beaucoup plus importante chez l'homme. Le degré d'hypertrophie musculaire pouvant être obtenu dépend, en outre, de votre type physique et de la façon dont vous vous entraînez.

Le grossissement de la fibre résulte d'un mécanisme de compensation qui se met en branle à partir du moment où la fibre s'est brisée, après avoir forcé contre une résistance. En devenant plus épaisse, la fibre devient ensuite capable d'une contraction plus forte.

La contraction de la fibre est provoquée par une impulsion nerveuse venant du cerveau. Toutes les fibres sont innervées dans un système d'unités motrices. L'entraînement facilite la transmission de l'influx nerveux à travers la plaque motrice de la fibre musculaire; de ce fait, plusieurs fibres habituellement inemployées sont stimulées. Il devient donc plus facile d'utiliser la totalité du muscle. Un muscle renfermant des fibres inutilisées est plus faible qu'un autre dans lequel toutes les fibres peuvent entrer simultanément en action. L'individu fort utilise donc un plus grand nombre de fibres que l'individu faible devant une même résistance. Quand une fibre se contracte, elle se contracte complètement ou pas du tout. Il importe donc d'en activer le plus grand nombre possible pour obtenir une contraction plus forte.

Les fibres reçoivent leur énergie du réseau de capillaires

---

* Augmentation du volume musculaire.

qui leur fournit un sang oxygéné et les débarrasse des déchets de la combustion. Le nombre de ces capillaires ainsi que leur grosseur augmentent si on améliore l'endurance musculaire: l'approvisionnement en oxygène et l'élimination des déchets deviennent ainsi plus efficaces. Dans un travail en endurance, le flux sanguin s'accroît pour refaire le plein de combustible et d'oxygène; le poids du muscle peut alors augmenter de 20%. Ce phénomène provoqué par l'accroissement de la circulation sanguine est souvent désigné par le terme "pompe"; bien que le muscle semble alors grossir, il ne pourra véritablement grossir que durant les 48 heures de récupération. Bien que l'entraînement en endurance provoque un accroissement considérable du nombre de capillaires, la dimension des fibres n'en est que faiblement augmentée. Le grossissement du muscle qui peut être perceptible est plutôt dû à une meilleure capillarisation. Un niveau accru d'endurance musculaire prévient la fatigue, souvent à l'origine de mauvaises postures. Or, le maintien d'une mauvaise posture contribue à créer un déséquilibre musculaire maintes fois cause de défauts posturaux. Certains muscles s'atrophient du fait qu'ils ne soient pas autant sollicités que d'autres. Ils diminuent alors de grosseur et ils perdent leur force et leur efficacité. Le degré d'amélioration de l'endurance musculaire est enfin conditionné par le niveau de force déjà atteint.

# Flexibilité et habiletés motrices

Tout travail visant à augmenter la force ou l'endurance contribue à accroître la flexibilité du muscle. Lorsque le muscle se contracte, il raccourcit; étant extensible, il peut ensuite être étiré pour revenir à sa longueur normale. Les muscles fonctionnent en paires et ils se répartissent habituellement des deux côtés de l'articulation. Quand un muscle se contracte, le muscle opposé, c'est-à-dire l'antagoniste, relaxe automatiquement. En s'étirant, il accroît son élasticité. L'accroissement de l'élasticité est surtout marqué, cependant, au niveau des tendons — qui relient le muscle à l'os. Il s'ensuit une plus grande flexibilité au niveau de l'articulation. Quant aux ligaments, qui font le joint entre deux os, ils sont souvent forts, mais peu élastiques. Quand une trop forte pression s'exerce sur l'articulation, le ligament peut être étiré. Or, une fois étiré, le ligament a tendance à rester étiré; il ne peut donc plus assurer aussi efficacement l'alignement de l'articulation. C'est le muscle qui doit alors suppléer à cette déficience en protégeant l'articulation.

Le niveau de force musculaire détermine en grande partie le degré de flexibilité. Les habiletés motrices et sportives sont aussi associées à la force musculaire. Les habiletés sont étroitement reliées à la coordination neuro-musculaire, c'est-à-dire une combinaison harmonieuse des forces exercées par différents muscles. Le travail avec charges apprend aux muscles à travailler ensemble en améliorant le synchronisme entre les extenseurs et les fléchisseurs. Les muscles antagonistes* doivent être éduqués pour travailler harmonieusement avec les muscles actifs; si un muscle se contracte, l'autre s'étire et équilibre ainsi la tension produite à l'articulation. La première fois que vous essayez de maîtriser une habileté, votre geste paraît souvent maladroit; les antagonistes n'ont pas encore appris la réponse appropriée. Après avoir pratiqué le même mouvement à plusieurs reprises, les antagonistes fournissent le degré de tension requis et le geste devient plus raffiné. En améliorant l'innervation dans les muscles, le travail axé sur le développement de la force affecte les réflexes. En

---

* Muscles pouvant produire un mouvement contraire à celui des muscles actifs: si le muscle actif est responsable de la flexion, son antagoniste sera responsable de l'extension.

faisant participer un plus grand nombre de fibres à la contraction, il améliore aussi la vitesse. La force et l'endurance musculaires rehaussent donc les chances de succès dans les sports. Or, aucune forme d'activité autre que les exercices de musculation ne peut autant augmenter ces qualités musculaires, et en si peu de temps.

# L'esthétique

La condition de nos muscles affecte grandement notre apparence générale. Des muscles bien tonifiés améliorent les courbes du corps. Pour plusieurs, les normes de beauté se limitent à la minceur. Or, il existe toute une différence entre un corps maigre et un corps qui présente en plus un profil agréable. La minceur ne constitue pas nécessairement une garantie de santé, ni de vitalité. Il est difficile de déceler si les muscles sont fermes ou flasques, quand ils sont recouverts d'une épaisse couche de tissu adipeux, mais dès que vous diminuez l'excédent de gras situé sous la peau, vous voyez se dessiner ces pauvres petits muscles maintenant recouverts d'une peau déjà étirée par la présence du gras. Pour éviter une poche à l'arrière des bras, des plis au ventre, des épaules paraissant décharnées et des cuisses ballottantes, il devient nécessaire de raffermir le tissu musculaire pour ainsi dessiner un nouveau galbe. Combien suivent une diète pour maigrir, mais ne pensent pas à raffermir leur tissu musculaire? Et combien aussi, par simple manque d'exercice, en arrivent à ne plus avoir d'énergie et de vitalité? Les muscles lâches se fatiguent facilement et deviennent souvent responsables de la fatigue ressentie au cours de la journée. Votre énergie détermine aussi votre apparence: si vous paraissez fatigué, si votre sourire sonne faux et si votre démarche paraît lourde, vous ne pouvez refléter une bonne condition physique. La beauté d'une personne ne se mesure pas que par sa beauté plastique. Pour maigrir en beauté, il importe de combiner à la diète des activités telles que la marche, la natation, le cyclisme ou le ski de fond; ces activités occasionnent une dépense énergétique suffisante et contribuent à diminuer les réserves de gras situées à la ceinture, aux cuisses, aux hanches ou aux bras. Vous pouvez, en outre, démontrer plus de vitalité et améliorer votre silhouette si vous faites des exercices de musculation.

Pourquoi le corps présente-t-il des formes moins harmonieuses en vieillissant? Certes, chez plusieurs, l'excédent de gras contribue à détériorer les contours; mais, même s'il était possible d'enlever le gras qui s'est accumulé entre le muscle et la peau, nous distinguerions encore une différence marquée entre le corps d'une personne de 20 ans et celui d'une personne de 40 ans. Accuser le processus de vieillissement est trop facile; nous assistons plutôt à l'atrophie des muscles, résultant du fait qu'ils ne furent pas suffisamment utilisés au cours des années.

# Effets sur la posture

Un des rôles les plus importants des muscles est d'assurer une bonne posture. Les épaules qui tendent à pointer vers l'avant, le dos rond et la poitrine creuse sont souvent causés par des pectoraux raccourcis: ces défauts peuvent être prévenus ou corrigés en étirant régulièrement les pectoraux par des exercices rapprochant les omoplates. Le ventre qui "déborde" vers l'avant constitue le reflet de muscles abdominaux ne pouvant plus jouer leur rôle de soutien auprès des organes de la digestion.

Les muscles abdominaux doivent être exercés de façon à conserver leur élasticité pour maintenir les organes à leur place, pour empêcher le relâchement du ventre et la cambrure

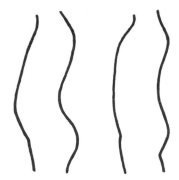

Posture modifiée par un meilleur tonus des muscles abdominaux.

exagérée du bas du dos. Chez les femmes enceintes, les abdominaux doivent être fermes et élastiques constituant un véritable corset naturel permettant au ventre de reprendre rapidement sa forme normale après l'accouchement. Près de 90% des douleurs apparaissant à la région dorso-lombaire sont attribuables à la faiblesse des muscles abdominaux.

Plusieurs gestes effectués à la maison ou au travail permettent aux muscles de soulever, de pousser et de tirer; ces muscles se renforcent, mais contribuent souvent à provoquer un déséquilibre musculaire. Dans ces mouvements, les muscles exercés ne travaillent souvent que sous un angle limité et risquent ainsi de raccourcir; de plus, les antagonistes sont rarement sollicités; un déséquilibre entre les fléchisseurs et les extenseurs accentue alors un défaut de posture. Ainsi l'antéropulsion (ou la bascule vers l'avant) du bassin responsable de la lordose caractérisée par le creux lombaire est souvent produite par des muscles du dos trop forts par rapport aux muscles de l'abdomen.

Chez les femmes, les exercices de musculation permettent d'obtenir des résultats qui dureront beaucoup plus longtemps que l'effet des cosmétiques. Un corps bien proportionné procure plus de satisfaction que des vêtements, une coiffure ou un maquillage dont l'effet n'est qu'éphémère. Une femme peut devenir aussi forte qu'un homme de même taille, sans toutefois voir ses muscles hypertrophiés; au contraire, sa ligne n'en sera qu'améliorée. L'esthétique des seins peut même être rehaussée. Aucun exercice ne peut faire grossir les seins; ceux-ci ne sont pas composés de tissu musculaire, mais de tissus glandulaires et de tissus graisseux. Leur grosseur n'est déterminée que par l'hérédité et le poids corporel. Cependant les muscles situés juste sous les seins peuvent être travaillés. Mieux tonifiés, ces pectoraux peuvent jouer un meilleur rôle de soutien; ils agissent comme une charpente supportant les seins qui paraissent ainsi relevés et plus fermes.

Dans une étude effectuée au collège de Pasadena, en Californie, Christine MacIntyre nota des changements significatifs dans les contours des femmes qui s'entraînèrent en recourant aux exercices de musculation, à raison de 3 séances de 40 minutes par semaine, pendant 6 semaines. Ces femmes constatèrent une perte de gras à l'abdomen, aux bras, aux hanches et aux cuisses, pendant que les muscles qui avantagent la silhouette (entre autres: les pectoraux, le grand dorsal et les deltoïdes) se sont développés; 65% des femmes avaient augmenté leur tour de poitrine, 90% avaient diminué leur circonférence aux cuisses, 95% aux hanches et 85% aux bras.

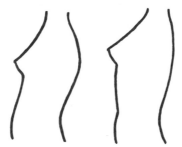

Effet d'une tonicité améliorée des pectoraux chez la femme.

# Une forme d'entraînement accessible à tous

Pendant des années, les exercices de musculation ne semblaient s'adresser qu'aux individus recherchant un gonflement des muscles. Or aujourd'hui, parmi la clientèle fréquentant les salles de musculation, on retrouve beaucoup moins de ces culturistes. Les magazines de mode pour femmes proposent régulièrement à leurs lectrices des exercices de musculation. Dans les collèges, les étudiants et étudiantes peuvent maintenant s'initier à cette forme d'entraînement. Le cours "Muscular Fitness" est même devenu, dans les collèges américains, un des cours d'éducation physique les plus populaires auprès des étudiantes.

Lorsque les muscles doivent se contracter sans pouvoir être étirés jusqu'à leur amplitude complète, ils risquent de gonfler; mais travailler jusqu'à amplitude complète réduit plutôt le gonflement des muscles et accroît leur flexibilité. Ignorants des principes d'entraînement à respecter, certains culturistes ont pu gonfler leurs muscles et perdre de la flexibilité. Mais aujourd'hui, ces principes sont connus et la perte de flexibilité attribuable au travail avec haltères n'est plus qu'un mythe. C'est le contraire qui se produit. À moins de vous entraîner 3 heures par jour, vous ne risquez pas de connaître une hypertrophie exagérée.

Plusieurs prétendent ne pas être faits pour le travail de musculation: leur ossature serait trop petite ou ils seraient trop gros pour ce genre d'entraînement. Il est vrai que l'individu qui présente les caractères d'un mésomorphe, c'est-à-dire le type musculaire, pourra connaître un progrès plus rapide en force et en endurance musculaires. Mais l'ectomorphe, c'est-à-dire le type osseux, possède une petite ossature et a davantage besoin de renforcer sa musculature. Ses muscles doivent être bien tonifiés sur toute leur longueur, pour protéger les os et pour recouvrir davantage les articulations; celles-ci deviennent donc mieux protégées et l'esthétique en est améliorée. Quant à l'endomorphe, c'est-à-dire le type adipeux, il renforce une musculature qui lui permettra ensuite de s'engager dans un plus grand nombre d'activités et ainsi d'augmenter sa dépense énergétique. Combinés à une diète bien équilibrée et à d'autres activités physiques, les exercices de musculation peuvent produire chez le type adipeux des transformations intéressantes. Les exercices de musculation ne peuvent cependant pas transformer un type osseux en un type musculaire. Votre somatotype (votre type physique) reflète la morphologie dont vous avez hérité et les exercices de musculation ne produiront pas de miracles.

L'entraînement avec haltères convient-il aux jeunes de 16 ans et moins? À cet âge, le réseau de connections au niveau des articulations n'est pas encore complètement formé. Des charges trop lourdes et des exercices mal exécutés pourraient rendre les articulations vulnérables et nuire à une croissance normale de l'ossature. Si le programme d'exercices est bien supervisé, si les exercices sont exécutés correctement et à amplitude complète, et si les charges utilisées respectent la capacité de l'adolescent, le travail de musculation ne présente alors aucun danger. Certains de ces jeunes en découvriront les avantages en pratiquant leurs sports favoris. Le succès remporté les incitera à se maintenir davantage actifs au cours des prochaines années.

Quant à l'individu de 35 ans et plus qui désire pratiquer la musculation, il aurait avantage à subir d'abord un examen médical. Si vous présentez un trouble cardiaque ou une pression artérielle trop élevée, tout effort isométrique au niveau des bras devient risqué. Une évaluation de votre condition physique vous dira aussi si vous ne devriez pas corriger d'abord des paramètres plus importants de votre condition physique. Faudrait-il diminuer ou éliminer votre excédent de gras avant d'entreprendre un programme de musculation? Si vous suivez une diète trop sévère, vous risquez de ne pas trouver toute l'énergie nécessaire pour exécuter vos exercices. La diète cause souvent une perte de protéines, ce qui affecte ainsi le tonus musculaire et vous rend plus faible. Dans le même ordre d'idées et pour que vous puissiez vraiment bénéficier de l'entraînement avec haltères, il serait peut-être préférable d'améliorer l'efficacité de votre système de transport de l'oxygène. Un meilleur niveau d'endurance aérobie vous fournira l'énergie nécessaire pour mener à terme votre programme de musculation. Les résultats de l'évaluation de votre condition physique constituent aussi une base pour bien planifier votre programme d'entraînement. Si vous avez plus de 50 ans et si vous voulez vraiment améliorer votre état de santé plutôt que risquer de le détériorer, l'examen médical et l'évaluation de votre condition physique deviennent indispensables.

# La femme et la musculation

Si, pendant des années, certaines femmes craignaient de perdre leur féminité en s'engageant dans des activités physiques, elles n'hésitent plus et vont même jusqu'à participer à des épreuves autrefois réservées aux hommes. Pour réussir en natation, au golf ou au tennis, plusieurs femmes ont recours, aujourd'hui, aux exercices de musculation; elles peuvent ainsi corriger la faiblesse musculaire de leurs membres supérieurs. D'autres désirent rétablir l'équilibre entre certains groupes musculaires tels que les fléchisseurs des bras, si souvent sollicités en transportant une charge, et les extenseurs qui, eux, sont plutôt négligés. Des muscles mieux proportionnés et plus profilés contribuent non seulement à rehausser l'esthétique, mais à rendre la démarche plus gracieuse. Un muscle bien tonifié peut se détendre à volonté et rendre les mouvements moins saccadés, donc plus rythmés et plus élégants.

Depuis quelques années, certaines femmes ont adhéré au mouvement culturiste et exhibent leur musculature en compétition. Ces femmes se sont entraînées pendant des années et elles ont dû éliminer tout excédent de gras afin que leur musculature devienne enfin apparente. Les muscles se distinguent toujours plus chez une personne maigre que chez une personne grasse. Le corps de la femme contient généralement 25% de plus de cellules graisseuses que celui de l'homme. Ces cellules forment la couche de gras située entre la peau et le muscle. Dès que cette couche amincit, les muscles deviennent plus apparents, ce qui ne signifie pas qu'ils aient grossi. Chez les femmes culturistes, les muscles sont ainsi plus définis sans être hypertrophiés comme chez les hommes. Tout comme une femme ne pourrait pas se faire pousser une barbe en utilisant de la lotion à barbe, elle ne peut non plus voir ses muscles grossir comme ceux d'un homme simplement en utilisant le même équipement. Si le grossissement des muscles est possible chez les hommes, c'est dû à la présence de testostérone. Cette hormone mâle se retrouve en proportion si faible chez la femme que l'hypertrophie est impossible. Certaines athlètes russes et allemandes ont déjà eu recours à des injections de testostérone dans le but de connaître des gains en force plus considérables. L'on remarqua chez ces femmes l'apparition de certains caractères mâles tels que la moustache et la barbe au menton. À cause du facteur génétique qui distingue chaque femme, seulement 5% des femmes sont susceptibles de connaître un accroissement significatif de leur masse musculaire suite à un entraînement faisant appel à la force. Les recherches effectuées par le docteur Jack Wilmore, à l'Université de Californie, située à Davis, ont démontré que les femmes pouvaient améliorer leur force autant que les hommes sans que leurs muscles ne connaissent le même grossissement: avec le même entraînement et pour le même gain en force, les femmes n'avaient développé leur masse musculaire que dans une proportion de 10% comparativement aux hommes. Certaines femmes avaient pourtant doublé leur niveau de force en suivant le programme, à raison de 3 séances de 45 minutes par semaine, pendant 10 semaines.

Dans une étude faite par le docteur Harristrand, les femmes possédant un meilleur tonus musculaire souffraient moins de malaises durant leurs périodes de menstruation; la grossesse et l'accouchement étaient moins douloureux et présentaient moins de complications. Les exercices s'adressant aux abdominaux et à la région dorso-lombaire contribuent à réduire les douleurs et les crampes caractérisant la période de menstruation de certaines femmes; une endurance musculaire accrue augmente l'approvisionnement en oxygène dans ces régions. La plupart des symptômes de malaises accompagnant cette période semblent disparaître systématiquement lorsque le niveau d'activité physique augmente.

En prenant du poids, la femme enceinte met plus de pression sur les muscles qui supportent l'utérus, causant souvent des douleurs au bas du dos lorsque les muscles de l'abdomen et de la région dorso-lombaire ne sont pas suffisamment fermes. Pendant la grossesse, les seins deviennent plus lourds; les pectoraux et les deltoïdes doivent être suffisamment forts pour bien supporter le buste et prévenir toute déformation de posture. La femme peut même poursuivre son programme de musculation pendant sa grossesse. L'utérus est un des organes les mieux protégés du corps humain. La nature assure la sécurité du foetus en l'entourant d'un liquide qui absorbe tout choc possible. En musculation, les secousses sont souvent beaucoup moindres qu'au jogging, au tennis ou au racquetball. La crainte de l'activité fatigue souvent davantage que l'activité elle-même.

# Du muscle transformé en gras?

Si vous craignez de développer vos muscles sous prétexte qu'ils pourraient ensuite se transformer en graisse, rassurez-vous: tout comme l'eau et l'air, le muscle et le gras constituent deux éléments bien distincts. Le muscle est composé de 70% d'eau, de 22% de protéines et de 7% de lipides, alors que le gras ne contient que 22% d'eau, 6% de protéines et se compose surtout de lipides dans une proportion de 72%. Le muscle ne peut jamais se transformer en gras, pas plus qu'une pomme ne pourrait devenir une orange. Parfois, certains individus engraissent après avoir arrêté un entraînement intensif. En vérifiant leur alimentation, l'on constate souvent qu'elle contient autant de calories que pendant leur période d'entraînement. Si aujourd'hui, ils brûlent quotidiennement 300 calories de moins qu'en période d'entraînement, ils devraient retrancher de leur menu 300 calories. Si l'alimentation n'est pas modifiée en conséquence, un tel déséquilibre entre l'apport et la dépense de calories peut augmenter la proportion de tissu adipeux jusqu'à un kilogramme par mois. Quant au muscle qui n'est plus sollicité, il s'atrophie; cette diminution de la masse musculaire est particulièrement évidente chez l'individu qui possédait une musculature bien développée.

# 2

# Les principes d'entraînement

# Les exercices à résistances progressives

Les exercices à résistances progressives regroupent tous les mouvements exécutés contre une résistance pouvant s'accroître au besoin. En augmentant la résistance, nous forçons le muscle à s'y adapter. Le muscle augmente ainsi sa capacité à vaincre des résistances de plus en plus grandes: en forçant jusqu'à la limite de ses capacités, il épuise ses réserves d'énergie et brise ses fibres; puis, durant la période de récupération, il refait ses réserves et reconstruit ses fibres de façon à être prêt à affronter une demande encore plus exigeante. En s'adaptant à des résistances sans cesse croissantes, il augmente son degré de force. Cette adaptation spécifique du corps aux demandes qui lui sont imposées constitue un des nombreux exemples de la merveilleuse capacité d'adaptation de l'organisme.

Dans les exercices à mains libres, dits "de calisthénie", le poids à soulever se limite souvent à celui des jambes, des bras ou de la partie supérieure du tronc. Le corps s'habitue à cette résistance et n'a pas à s'adapter à une résistance supplémentaire puisque la pesanteur des jambes ou des bras n'est pas appelée à augmenter à chaque séance d'entraînement. Pour accroître la vigueur musculaire, il est nécessaire de travailler avec une surcharge sans cesse croissante. Il faut dépasser les limites que nous pouvons déjà atteindre.

Dans les exercices à résistances progressives, il y a déplacement du segment corporel: les muscles se contractent de façon à permettre au membre de fléchir ou de s'étirer. Quand le bras passe d'une flexion à une extension, il travaille de façon dynamique. Un muscle peut aussi se contracter sans qu'il y ait mouvement du membre: il travaille de façon isométrique. Le muscle conserve alors la même longueur pendant la contraction; ceci se produit lorsque le muscle force contre une résistance fixe ou tout objet qui ne peut être déplacé. Dans un exercice dynamique, le muscle est sollicité aux différents angles du mouvement, alors que dans l'exercice isométrique la contraction ne s'effectue qu'à un angle précis de l'articulation. Comme la flexibilité ne peut être développée que si le muscle travaille jusqu'à pleine amplitude, l'exercice isométrique ne peut donc pas accroître l'élasticité qui permet au muscle de raccourcir ou d'allonger. L'exercice isométrique ne peut pas contribuer à l'amélioration de l'endurance musculaire. La tension développée dans le muscle bloque la circulation sanguine et empêche ainsi la livraison d'oxygène aux cellules. L'effort isométrique accroît la pression sanguine diastolique; chez les sujets cardiaques, ceci risque de produire des battements irréguliers, des contractions ventriculaires prématurées ou des battements cardiaques anormalement rapides. Cette forme d'exercice avait d'abord été conçue dans le but de prévenir l'atrophie de muscles qui ne pouvaient s'exercer de façon dynamique; les muscles immobilisés dans le plâtre peuvent ainsi se contracter sans qu'il y ait mouvement. Lorsque aucun équipement tel que poids, haltères ou appareils n'est disponible, les exercices isométriques demeurent toujours une solution pour développer la force. Cependant, ces gains en force demeurent inférieurs aux résultats pouvant être obtenus avec les exercices dynamiques. Plusieurs études ont comparé les exercices à résistances progressives aux exercices de calisthénie et aux exercices isométriques. Toutes ces études ont démontré que pour une même période de temps, les exercices à résistances progressives amélioraient davantage la force musculaire et rendaient les courbes du corps plus attrayantes.

Dans les exercices exécutés avec haltères ou à l'aide d'appareils de type Universal ou Marcy, les muscles doivent forcer davantage au début du mouvement et travaillent moins lorsque le mouvement est déjà amorcé. La résistance utilisée doit se limiter à celle que l'individu peut vaincre à la position du mouvement exigeant le moins de force de la part du muscle. Cette résistance ne peut donc pas suffire à produire dans le muscle le même degré de tension à toutes les étapes du mouvement. Or, certains appareils permettent maintenant de susciter le même degré de tension du début à la fin du mouvement. Ainsi, les exercices exécutés avec les appareils Nautilus offrent une résistance proportionnelle à la force pouvant être développée par le muscle à tous les angles possibles du mouvement. En modifiant le levier à chaque angle de mouvement, la résistance est accrue ou diminuée selon l'angle où le muscle s'avère plus fort ou plus faible. Vous poussez ou tirez et le mécanisme oppose une résistance identique à la force que vous appliquez. La capacité maximale du muscle est ainsi mobilisée tout au long du mouvement et non seulement à l'endroit où la gravité fait paraître la charge plus lourde. En étant également sollicité sur toute l'amplitude du mouvement, le muscle se contracte autant, de sa pleine flexion à sa pleine extension, augmentant de ce fait son amplitude articulo-musculaire, c'est-à-dire sa flexibilité.

Parmi les différents appareils offrant une résistance qui varie automatiquement, de façon à demeurer proportionnelle à la force musculaire appliquée, les appareils Nautilus semblent actuellement connaître le plus de succès. Étant donné le coût de ces appareils, ils ne sont actuellement utilisés que dans certaines salles de musculation. D'ici à ce que cet équipement devienne accessible à tous, l'utilisation d'haltères demeure encore le moyen le plus économique d'améliorer ses qualités musculaires.

# Conditions assurant une amélioration de la vigueur musculaire

Selon les différentes qualités musculaires que vous désirez développer, vous utiliserez différentes résistances. Pour améliorer la force, vous choisirez une surcharge suffisante pour provoquer dans le muscle les modifications nécessaires. Pour que la contraction du muscle soit plus forte, un plus grand nombre de fibres musculaires doivent entrer en action. Plus la résistance est intense, plus grand sera le nombre de fibres qui recevront du système nerveux l'ordre de se contracter.

La force est augmentée si la charge utilisée représente entre 60% et 90% de la capacité maximale du muscle. Les meilleurs gains en force sont cependant obtenus avec une résistance qui représente 80% et 90% de la charge maximale que le muscle peut soulever. Avec une telle charge, l'exercice ne peut être exécuté qu'à raison de 2 à 6 répétitions. Le nombre de répétitions correspond au nombre d'exécutions consécutives du mouvement. Quant au nombre de séries, il est constitué par le nombre de blocs de répétitions pour un même exercice. Afin d'améliorer la force, jusqu'ici, les meilleurs résultats ont été obtenus quand le nombre de séries variait entre 3 et 6. Contrairement aux répétitions, les séries ne sont pas exécutées successivement. Un repos d'une durée minimale d'une minute sépare chaque série. Cette période de récupération entre chaque série permet le retrait de l'acide lactique accumulé dans le muscle pendant la contraction. Cet acide est ensuite évacué par le sang vers les poumons sous forme de dioxyde de carbone et d'eau. Plus le muscle contient de vaisseaux sanguins, plus les déchets produits par la contraction du muscle peuvent être éliminés rapidement. L'amélioration de l'endurance musculaire contribue à augmenter le nombre de capillaires et à accélérer ainsi ce retrait des déchets de la combustion. Cette quantité accrue de capillaires permet aussi une meilleure livraison d'oxygène aux muscles. La concentration des enzymes permettant à l'oxygène d'être utilisé est augmentée afin de produire de l'énergie. Cette énergie constitue le carburant utilisable par les fibres musculaires et est désignée sous le terme ATP, soit adénosine triphosphate. Aucune contraction n'est possible sans la production de ce carburant. Les plus grandes quantités d'ATP sont produites en présence d'oxygène, donc dans des conditions aérobies; seul le travail en endurance permet aux fibres musculaires de travailler dans de telles conditions. Dans un travail en endurance musculaire, les charges utilisées représentent entre 40% et 70% de la capacité maximale du muscle. Les meilleurs résultats ont été obtenus avec 2 ou 3 séries et un nombre de répétitions de 15 à 30. La capacité aérobie de la fibre augmentée, le muscle devient plus résistant à la fatigue.

Il apparaît donc souhaitable de viser non seulement l'amélioration de la force, mais aussi de l'endurance musculaire. Des charges correspondant à 70% de la capacité maximale du muscle apparaissent les plus indiquées pour atteindre cet objectif. Un poids pouvant être soulevé 8 à 12 fois au maximum correspond à ce pourcentage. Chercher à connaître la charge maximale qu'un muscle peut soulever pour ensuite déterminer la charge qui correspond à 70% de cette charge, risque de compromettre votre programme d'entraînement. En soumettant ainsi le muscle à un effort trop considérable, vous risquez d'endommager ce muscle et de devoir ensuite le laisser au repos pendant plusieurs semaines. Il est préférable de trouver la charge qui peut être soulevée 10 fois consécutives au plus. En procédant ainsi par essais et erreurs, vous connaîtrez sans risque la charge de départ qui vous permettra ensuite d'améliorer la force et l'endurance musculaires.

Après quelques séances d'entraînement, la force du

muscle s'est accrue; afin que la résistance utilisée corresponde encore à 70% de la capacité maximale du muscle, il importe d'utiliser une charge plus lourde. De là découle le principe des exercices à résistances progressives: quand la force augmente, les résistances doivent augmenter graduellement pour toujours maintenir le même degré de surcharge. Les charges sont graduellement augmentées de 1 à 3 kilos, dans les exercices s'adressant aux bras et aux épaules, et de 4 à 12 kilos dans les exercices spécifiques aux jambes.

Après avoir complété 10 répétitions dans une première série, essayez de réussir le plus grand nombre possible de répétitions dans une deuxième série. Ce nombre pourra varier entre 5 et 12 répétitions. En combinant la force et l'endurance avec des séries de 10 répétitions, vous améliorerez votre tonus musculaire.

Les muscles des membres inférieurs requièrent habituellement plus d'endurance musculaire que de force musculaire; c'est pourquoi le programme vous suggère 15 répétitions. Il en est de même pour les muscles de la région abdominale et de la région dorso-lombaire qui devraient d'abord être sollicités dans des exercices de calisthénie, avant de travailler contre des résistances progressives. Le tableau suivant vous indique la démarche à suivre dans votre programme d'entraînement.


## Progression dans l'utilisation des charges

1re étape (séances de travail préliminaires)
exercices:

| | |
|---|---|
| jambes et hanches | Trouver la charge permettant de réussir un maximum de 15 répétitions |
| bras et haut du tronc | Trouver la charge permettant de réussir un maximum de 10 répétitions |

| abdominaux et bas du dos | Exécuter l'exercice sans résistance supplémentaire, jusqu'à un maximum de 50 répétitions |
| | Après quelques semaines, trouver la charge permettant de réussir un maximum de 20 répétitions |

2e étape (séances d'entraînement)

A — La résistance utilisée correspond à la charge de départ trouvée pour chaque exercice dans la 1re étape:

| exercices | 1re série | 2e série |
|---|---|---|
| jambes et hanches | 15 répétitions | maximum de répétitions possibles* |
| bras et haut du tronc | 10 répétitions | maximum de répétitions possibles* |
| abdominaux et bas du dos | 20 répétitions | maximum de répétitions possibles* |

B — Les résistances augmentent lorsque le nombre de répétitions réussies dans la 2e série atteint ou dépasse le nombre 18, 13 ou 30.

Si le nombre de répétitions réussies dans la 2e série n'a pas encore atteint 18, 13 ou 30 après 5 séances de travail, la résistance augmente.

---

* Si, dans un exercice, le nombre de répétitions réussies dans la 2e série atteint ou dépasse
18 pour les jambes et les hanches,
13 pour les bras et le haut du tronc,
30 pour les abdominaux et le bas du dos,
la charge appliquée à cet exercice sera augmentée à la prochaine séance de travail.

# L'étirement préalable des muscles

Avant de soumettre les muscles à des contractions intenses, il est important de les préparer progressivement. Toute séance de travail musculaire devrait débuter par une série d'exercices augmentant la fréquence cardiaque et la température du corps. La course sur place, les sauts sur place ou la bicyclette fixe, pendant 3 à 5 minutes, permettent d'élever la température du muscle au point où sa contractilité est augmentée. Ces exercices accélèrent l'irrigation sanguine et accroissent le transport de l'oxygène au muscle. La période de réchauffement doit ensuite inclure des exercices ayant pour but d'étirer le muscle. Il s'agit d'exercices de flexibilité exécutés jusqu'à l'amplitude complète de mouvements, contribuant à stimuler l'élasticité du muscle. Vous pouvez aussi utiliser les exercices de votre programme de musculation et les exécuter en utilisant des haltères légers.

En augmentant légèrement la tension musculaire, vous préparez déjà les muscles à l'action. Un minimum de 5 minutes d'étirement et de réveil des muscles tendus ou ramollis vous prépare aussi mentalement à l'effort plus considérable qui suivra. Les exercices d'étirement doivent être exécutés en douceur, les muscles doivent être étirés graduellement; évitez les mouvements rapides et saccadés.

Les individus qui n'ont pas eu l'occasion, au cours des dernières années, de pratiquer des activités physiques exigeant un effort musculaire devraient consacrer leurs 2 premières séances d'entraînement uniquement à ces exercices d'étirement. Réchauffé et étiré, le tissu musculaire devient plus résistant et les risques de blessure diminuent; en outre, les douleurs musculaires apparaissant après la séance d'entraînement durent moins longtemps.

Avant de commencer chaque exercice de musculation, le

muscle devrait être de nouveau étiré. Vous l'étirez alors au-delà de sa longueur habituelle. Un tel étirement préalable envoie au cerveau un signal neurologique qui permet d'obtenir une intensité de contraction plus élevée que celle obtenue autrement.

Après chaque exercice et entre chaque série, relaxez vos muscles en les secouant et étirez-les de nouveau. Ce relâchement facilite la circulation du sang dans le muscle et prévient une trop forte accumulation d'acide lactique. La contraction du muscle réduit la circulation sanguine, forçant ainsi les cellules à former leur ATP par processus anaérobie et à accroître la présence d'acide lactique. En favorisant le retrait de l'acide lactique, vous permettez l'élimination de la fatigue musculaire. Aussi, le fluide contenant les éléments de tissu détruits par la contraction doit être retiré rapidement des muscles, sinon une certaine rigidité risque d'apparaître dans ces muscles.

# Les exercices d'étirement

**Sauts avec coordination des bras
et des jambes**

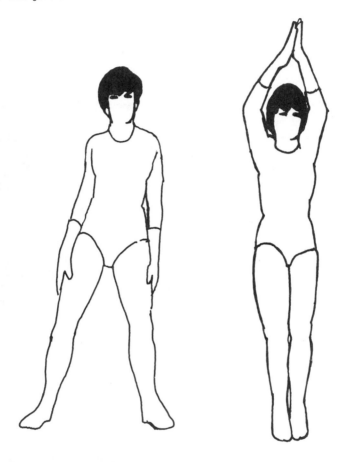

En position debout avec jambes écartées à la largeur des épaules, les
bras sont relâchés de chaque côté du corps. Vous sautez pour rapprocher les jambes et, en même temps, vous élevez les bras latéralement
jusqu'au-dessus de la tête.

## Flexion-extension des coudes à la hauteur des épaules

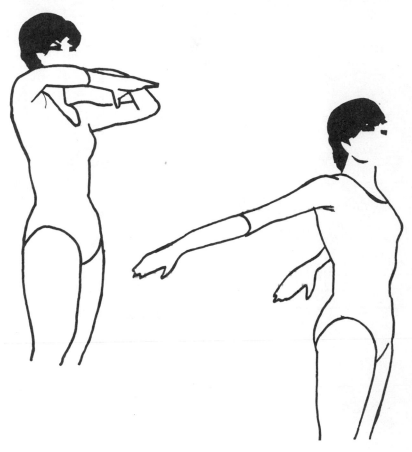

En position debout, les bras à l'horizontale, à la hauteur des épaules, paumes vers le bas. Dans un premier mouvement, les coudes sont poussés vers l'arrière pendant que les bras sont fléchis, toujours à la hauteur des épaules. Dans un deuxième mouvement, les bras sont allongés, les mains s'éloignent le plus possible vers les côtés, puis sont poussées vers l'arrière.

## Extension du dos et des épaules

Le tronc est fléchi en avant, les mains sont appuyées contre le dossier d'une chaise. En gardant les jambes droites et les pieds à plat au sol, vous descendez la tête et les épaules le plus bas possible.

## Étirement des bras contre résistance

En position debout, sur la pointe des pieds, vis-à-vis l'encadrement d'une porte, les doigts s'appuient contre le cadre intérieur. Laissez avancer le tronc de façon à n'être retenu que par l'appui des mains.

### Flexion-extension alternée des jambes

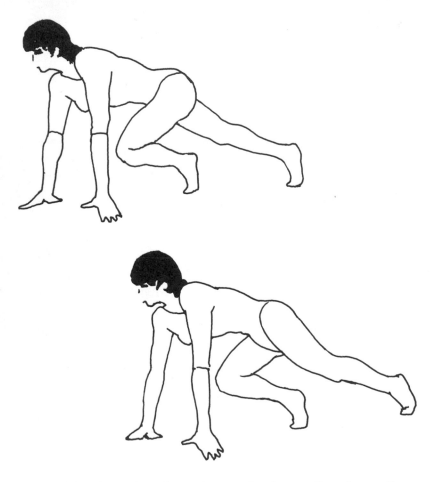

En position d'appui sur les mains, une jambe est allongée vers l'arrière, l'autre fléchie sous le tronc. La jambe arrière est ensuite fléchie et ramenée sous le tronc pendant que la jambe fléchie est, au même moment, allongée vers l'arrière. Le mouvement s'effectue sous forme de saut permettant un déplacement simultané des deux jambes.

## Flexion du tronc sur jambe allongée

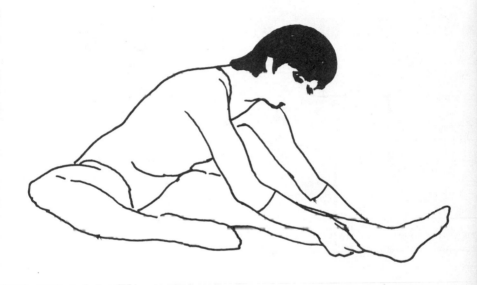

En position assise, au sol, la jambe gauche est allongée et la jambe droite fléchie de façon à permettre à la plante du pied de s'appuyer contre l'intérieur de la cuisse gauche. Vous portez vos mains le plus loin possible sur le pied gauche en fléchissant le tronc dans cette direction. Après quelques flexions du côté gauche, vous répétez le même mouvement du côté droit, la jambe droite revenant allongée à son tour.

## Balancement sur le ventre

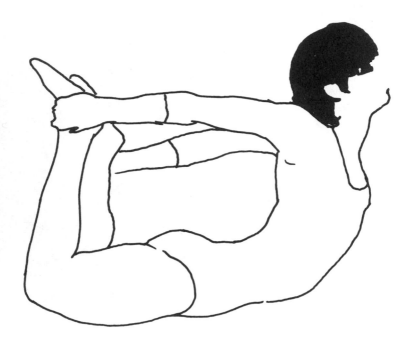

En position couchée ventrale, la tête et les jambes sont soulevées de façon à ce que les mains saisissent les chevilles. De cette position de berceau, vous tentez avec les mains de porter les pieds le plus haut possible.

## Renversement des jambes

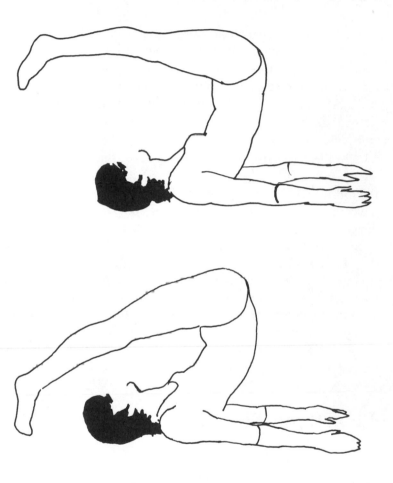

En position couchée dorsale, vous basculez les jambes de façon à ce qu'elles passent au-dessus de la tête et aillent toucher le sol. Les mains demeurent en appui au sol, pendant que les orteils s'éloignent de la tête en glissant au sol sur quelques centimètres.

# Un mouvement exécuté jusqu'à complète amplitude

Chaque exercice doit être exécuté en essayant d'atteindre l'amplitude complète du mouvement. Imaginez le jeu possible de l'articulation et exécutez le mouvement de façon à ce que le membre se déplace selon l'angle maximal que permet cette articulation. La charge doit être soulevée, poussée ou tirée à partir d'une flexion complète jusqu'à une extension complète ou vice-versa.

Si l'exercice est exécuté selon un arc limité, le muscle ne travaille pas sur toute sa longueur. Plutôt que d'accroître sa flexibilité, vous risquez alors de la réduire. L'étirement complet du muscle à chaque répétition contribue, en outre, à développer le maximum de tension possible. Dans certains exercices exécutés en position couchée sur le dos, l'utilisation d'un banc permet souvent d'obtenir une plus grande amplitude pour le même mouvement. Ce principe d'entraînement ne s'applique cependant pas à l'accroupissement; à cause de la structure particulière du genou, cet exercice constitue une exception à la règle. Pour éviter toute blessure à cette articulation, le mouvement doit se limiter à une demi-flexion plutôt qu'une flexion complète.

# Le rythme d'exécution

En plus de vous concentrer sur le travail à pleine amplitude, vous devez aussi prêter attention au travail excentrique du muscle, c'est-à-dire la partie du mouvement qui consiste à revenir à la position de départ. Cette phase négative du mouvement, si elle est contrôlée, contribue à l'amélioration de la force musculaire. Le poids devrait être descendu à une vitesse qui agit contre la force de gravité. Ce travail négatif devrait donc être exécuté à un rythme deux fois plus lent que le travail positif, c'est-à-dire la première phase du mouvement qui consiste à soulever le poids. Dans cette première phase, le muscle exerce une contraction concentrique: or, dans presque toutes les activités, travaux ou sports, les muscles se contractent de façon concentrique; ils développent de la tension en raccourcissant. Les exercices de musculation offrent enfin aux muscles l'occasion de travailler de façon excentrique, particulièrement dans les mouvements consistant à passer d'une flexion à une extension; le muscle peut alors se contracter en s'allongeant, son étirement étant accentué.

Si vous prenez 2 secondes pour soulever votre haltère, vous devriez prendre 4 secondes pour le descendre. Après quelques semaines, vous découvrirez le rythme qui vous permet de travailler de la façon la plus confortable. Dans une même série, les répétitions devraient cependant être exécutées à un même rythme. Donc, évitez surtout de commencer rapidement pour ensuite diminuer le rythme dans les dernières répétitions. Lorsque l'exercice est exécuté à un rythme trop rapide, la contraction du muscle risque de ne pas être complète; un mouvement plus lent réduit aussi les risques d'élongation.

Il importe de ne pas ajouter à votre exercice un stress supplémentaire en exagérant l'importance du rythme respiratoire. Pour la plupart, la respiration ne pose pas de problème, puisque son rythme s'adapte aux besoins de l'organisme. Si toutefois vous retenez votre souffle pendant l'exercice, pensez à expirer en soulevant l'haltère, puis inspirez en le descendant. Ne cherchez pas à respirer trop profondément, à moins qu'une expiration profonde vous semble nécessaire pour compléter votre série.

# Un travail équilibré des antagonistes

Afin de prévenir un déséquilibre entre les fléchisseurs et les extenseurs d'un même membre, les deux groupes musculaires devraient avoir l'occasion de travailler dans votre programme d'exercices. Si les muscles antagonistes ne sont pas sollicités, certains muscles peuvent raccourcir et devenir rigides pendant que les muscles opposés ne sont qu'étirés. Un exercice d'extension des bras qui sollicite le triceps pourrait être suivi d'un exercice de flexion qui travaille le biceps. Comme plusieurs tâches font appel aux muscles du dos, ceux-ci deviennent parfois trop forts par rapport aux abdominaux qui ont moins l'occasion de se contracter; dans ce cas, ce sont surtout les abdominaux qui doivent être renforcés.

# Une exécution conforme à la description

Lorsque vous commencez un programme de musculation, pratiquez d'abord l'exercice avec une petite charge; ceci vous aidera à bien maîtriser le mouvement avant de travailler avec la surcharge requise. Il sera toujours préférable d'utiliser des charges moindres et d'exécuter l'exercice correctement, plutôt que de chercher absolument à soulever les charges les plus lourdes.

En arquant de façon exagérée la région dorso-lombaire ou en balançant l'haltère, l'individu risque des blessures pouvant le forcer au repos pour quelques semaines. En trichant ainsi, les progrès ne sont pas plus rapides, et souvent retardés. La description accompagnant l'illustration de chaque exercice précise les précautions à respecter pour en assurer une bonne exécution. Demandez à un ami de vérifier votre exécution ou vérifiez-la vous-même devant un miroir.

Pour éviter qu'un exercice désigné à un groupe musculaire spécifique utilise un autre groupe de muscles, concentrez-vous sur les muscles qui doivent travailler. Figurez-vous mentalement ces muscles travaillant à leur pleine capacité et vous rassemblerez ainsi toutes vos énergies sur cette région spécifique.

Évitez les charges trop lourdes exigeant une intensité maximale de contraction dès les premières répétitions. Choisissez plutôt la charge qui vous permet de réussir 10 répétitions. Une intensité maximale de contraction n'est pas nécessaire ni souhaitable dans les premières répétitions; les muscles risquent d'être exposés à un niveau de tension susceptible de causer des blessures.

# 3

# Conseils pratiques

50
75
75
100
125
150
175
200
230
475
330
510
355
545
405
435
665
460
705
745
510
780
820
540

# L'élaboration d'un programme personnel de musculation

Pour la majorité de la population, le programme de musculation le plus indiqué vise un développement musculaire général. Dans un tel programme, les exercices choisis font travailler les groupes musculaires rarement sollicités dans les tâches quotidiennes. Tous les muscles ne peuvent être exercés à l'intérieur d'un même programme, mais les plus faibles sont renforcés afin de rétablir l'équilibre assurant un développement harmonieux de la musculature et permettant de maintenir une bonne posture.

Bien qu'un exercice s'adresse à certains muscles en particulier, d'autres muscles de la même région participent au mouvement; si ces muscles se contractent de façon dynamique, d'autres muscles, dans d'autres régions, se contractent aussi, mais de façon isométrique. Ces derniers agissent comme stabilisateurs, assurant une base ferme pour l'exécution du mouvement. Il en est ainsi des muscles du dos, lorsque vous effectuez des flexions de bras en position debout pour faire travailler les biceps.

Les muscles des membres supérieurs mériteront plus d'attention que les muscles des jambes. Ces derniers sont déjà sollicités dans le jogging, la bicyclette, le ski, le tennis et dans de nombreuses autres activités; ils risquent moins de s'atrophier que les muscles des bras qui ne contribuent pas à soulever le poids du corps et n'ont pas autant d'occasions de travailler. Si vous considérez avoir atteint un développement musculaire équilibré, vous pouvez alors choisir des exercices plus spécifiques à certaines régions, comme les muscles les plus sollicités dans certains gestes sportifs. Si vous désirez inclure dans votre programme plus d'un exercice pour un même groupe musculaire, choisissez des exercices qui exigent un mouvement différent.

Un programme complet devrait comprendre 8 à 12 exercices. Après avoir complété 16 à 24 séries, soit deux séries par exercice, vous ressentez d'ailleurs une fatigue musculaire générale. Considérant le temps de récupération requis entre chaque série et chaque exercice, votre séance devrait durer entre 40 et 60 minutes. L'individu qui s'entraîne depuis quelques années peut dépasser ces limites. Dans un centre Nautilus, où vous devez vous limiter à une série par exercice, vous pouvez exécuter 12 à 20 exercices différents.

# L'ordre des exercices

Deux règles servent à déterminer l'ordre dans lequel les différents exercices doivent être exécutés. La première concerne les muscles agissant comme stabilisateurs dans plusieurs exercices; ceux-ci, les abdominaux et les dorso-lombaires, ne doivent être travaillés qu'à la fin de la séance d'entraînement. La deuxième règle consiste à travailler les plus gros muscles avant les plus petits. Les exercices devraient donc être exécutés selon l'ordre suivant: hanches, cuisses, mollets, haut du dos, poitrine, épaules, bras, avant-bras, abdominaux, bas du dos et cou. En respectant le même ordre, d'une séance à l'autre, vous connaîtrez toujours le même degré de fatigue à chaque exercice. Plusieurs exercices sollicitent plus d'un groupe musculaire; ainsi vous pouvez ressentir de la fatigue d'un exercice précédent et votre charge peut soudainement vous paraître exagérée. En conservant le même ordre, l'effet de fatigue accumulée demeure relativement constant.

# L'utilisation d'une fiche d'entraînement

Notez vos exercices sur une fiche d'entraînement. Cette fiche vous permet d'indiquer la résistance utilisée et le nombre de répétitions réussies avec cette résistance. De cette façon, vous ne risquez pas d'oublier quelle charge vous utilisez d'une séance à l'autre; aussi, vous pouvez vérifier votre progression en vous référant au nombre de répétitions réussies et ainsi savoir quand augmenter la résistance. Pouvoir suivre les progrès accomplis constitue un élément de motivation particulièrement important. Vous trouverez, en annexe, un exemple de fiche d'entraînement que vous pouvez utiliser.

# La charge de départ

Utilisez vos premières séances de travail à déterminer la charge de départ qui convient à chaque exercice. Bien que vous soyez anxieux de commencer votre programme, le choix de la bonne charge constitue une étape préliminaire importante. Certains tableaux vous suggèrent parfois des charges de départ; or, ces charges sont rarement justes. Aucune formule ne s'est encore avéré efficace pour prédire avec justesse votre charge de départ pour chaque exercice. La meilleure méthode est basée sur vos capacités individuelles et consiste à trouver vos charges de départ par essais et erreurs. Si vous pouvez réussir 10 répétitions avec une charge, et si la sixième constitue vraiment la dernière que vous soyez en mesure de réussir, vous avez donc trouvé votre charge de départ. Sinon, augmentez ou diminuez cette charge jusqu'à l'exécution du maximum de répétitions: 10 avec les bras et 15 avec les jambes.

# Programme spécifique aux femmes

La femme désirant élaborer son propre programme de musculation pourra choisir les mêmes exercices que l'homme. Il se peut qu'elle préfère travailler davantage la région des hanches ou la région dorso-lombaire, mais les faiblesses musculaires rencontrées chez les femmes sont généralement situées aux mêmes endroits que chez les hommes, soit principalement dans la région des membres supérieurs, la région scapulaire et la région abdominale.

Les conditions garantissant un développement harmonieux du muscle prévalent autant pour les deux sexes. Pour des raisons esthétiques, la femme s'assurera de bien étirer le muscle jusqu'à amplitude complète pour mieux recouvrir les articulations. Plusieurs femmes préfèrent travailler à l'aide d'un appareil plutôt qu'avec des haltères; elles éliminent ainsi la crainte de laisser tomber la charge. D'autres préféreront les haltères aux barres; dans l'exercice comme le développé sur banc, elles risquent moins de se retrouver emprisonnées sous la barre.

La principale différence entre les programmes de musculation pour hommes et ceux pour femmes se situe sur le plan des résistances utilisées: dû à une proportion de masse musculaire moindre chez la femme, la surcharge nécessaire s'avère de beaucoup inférieure. Les femmes enceintes doivent abandonner temporairement les exercices exécutés en position couchée ventrale sans être toutefois contraintes de renoncer à leur programme de musculation; les exercices de musculation sont encore plus sécuritaires que plusieurs mouvements exécutés dans certains sports.

# Programme pour personnes âgées

Les exercices de musculation s'adressent aussi aux personnes de 50 ans et plus. À cet âge, les os deviennent plus poreux; l'exercice prévient une perte de calcium et empêche ces os de devenir ainsi plus fragiles. Un muscle bien développé contribue à protéger cette ossature maintenant plus sujette aux fractures. Les muscles ont tendance à perdre de leur flexibilité; aussi, plusieurs défauts de posture, tels que le dos arrondi, les épaules abaissées et le ventre affaissé, apparaissent à cet âge.

Les muscles étant souvent négligés, les tendons deviennent rigides aux articulations. Les exercices à résistances progressives deviennent à cet âge encore plus nécessaires; aussi, ces exercices doivent être précédés d'une plus grande période d'exercices de flexibilité. Tout programme d'exercices pour cette catégorie d'âge devrait être précédé d'un examen médical; vérifiez d'abord si votre état de santé dénote des anomalies cardiaques ou des problèmes de tension artérielle trop élevée. Si tel est le cas, il faudrait éviter tout exercice qui exige un effort isométrique des bras; un tel effort se produit lorsque le bras pousse ou tire contre une résistance fixe sans qu'il agisse en flexion ou en extension. Dans l'exécution des autres exercices, prenez bien soin d'expirer lorsque vous soulevez la charge.

Il est faux de penser que l'exercice est dangereux pour la personne âgée en bonne santé. Certains croient ménager leur corps en l'utilisant peu, or, c'est le contraire; comme le corps est biologiquement construit pour l'activité physique, s'il en est privé, il ne peut que se détériorer.

# La période la plus indiquée pour entreprendre un programme de musculation

Lorsque vous êtes décidé à entreprendre un programme de musculation, fixez-en le début à un moment propice. Commencez en septembre, vous évitez ainsi les chaleurs de l'été. De plus, l'été, il est trop facile de négliger son programme pour s'adonner à des activités de plein air. À l'automne, vous pouvez choisir une période de 4 mois pendant laquelle votre horaire demeure relativement constant d'une semaine à l'autre. Après avoir complété une première session, vous pourrez, si vous le désirez, poursuivre en entreprenant une deuxième session de 4 mois, à partir de janvier.

Incorporez vos périodes d'entraînement à votre horaire hebdomadaire et accordez-leur la même importance qu'à une réunion d'affaires. Évitez d'amorcer ce programme en période de stress mental. Si vous éprouvez toutes sortes de difficultés dans votre profession, si vous devez affronter des difficultés d'ordre familial, si vous changez d'emploi ou si vous achetez une nouvelle maison, vous pouvez difficilement vous concentrer sur votre programme. Si, durant ces périodes, vous êtes encore en mesure de respecter l'horaire proposé, votre agressivité accumulée peut être utilisée dans votre programme comme source additionnelle d'énergie. Si vous prévoyez pratiquer tous les jours un sport qui requiert beaucoup d'énergie ou si votre travail s'avère déjà exigeant physiquement, attendez la saison suivante, car vos muscles devront récupérer après chaque séance de musculation.

# Trois séances de travail par semaine

Après chaque séance d'entraînement, la force du muscle diminue sensiblement car l'effort imposé au muscle brise les tissus. En 72 heures, les fibres se reconstruisent et préparent ainsi le muscle à affronter la prochaine surcharge; mais après 48 heures, le niveau de force dépassera le niveau initial et le muscle sera alors prêt à affronter une nouvelle surcharge. Toutefois, 96 heures après la séance, le niveau de force sera revenu au niveau initial si le muscle n'a pas travaillé. Une deuxième séance de travail doit donc être prévu 2 ou 3 jours après la première.

Pour un débutant, chaque séance devrait durer entre 40 et 60 minutes. Après 12 mois d'entraînement, vous pouvez augmenter jusqu'à 2 heures. Dans un programme de niveau avancé, l'individu peut s'entraîner 5 fois par semaine en travaillant des groupes musculaires différents d'un jour à l'autre; ainsi, les mêmes muscles ne risquent pas d'être sollicités deux jours consécutifs. Évitez de vous entraîner durant les deux heures qui suivent un repas; une quantité supplémentaire de sang étant requise par les organes de la digestion, moins de sang devient disponible pour les muscles. La période idéale pour s'entraîner se situe souvent entre 15 et 18 heures. Si vous désirez fréquenter une salle de musculation, vous devez cependant vous adapter à la disponibilité de cette salle. Évitez surtout les périodes d'affluence, votre séance risque de durer 2 heures plutôt que 50 minutes. Par contre, une salle vide ne crée pas une atmosphère de travail très stimulante.

# Variation du niveau de force en fonction de l'horaire des séances d'entraînement

A — Niveau de force du muscle immédiatement avant la séance d'entraînement

B — Niveau de force du muscle immédiatement après la séance d'entraînement

■ ■ ■ ■ niveau de force initial

_____ variation du niveau de force

Après 24 heures de récupération:

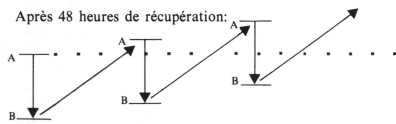

lundi  mardi  mercredi  jeudi  vendredi  samedi  dimanche

Après 48 heures de récupération:

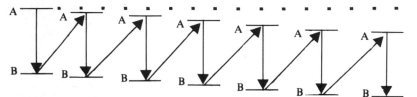

lundi  mardi  mercredi  jeudi  vendredi  samedi  dimanche

Après une semaine de récupération:

lundi  mardi  mercredi  jeudi  vendredi  samedi  dimanche

# La durée
# du programme

Quand vous entreprenez votre programme, persévérez pendant au moins 12 semaines. Un contrat de 16 à 20 semaines comme première expérience devrait vous donner les résultats les plus encourageants. La force développée dans un programme échelonné sur plusieurs mois persiste plus longtemps que celle obtenue après quelques mois seulement. De la même façon, la force développée au cours d'un programme d'entraînement complété en quelques semaines est perdue aussi rapidement qu'elle a été gagnée. Il est donc avantageux de s'entraîner durant la plus longue période possible, afin que la vigueur musculaire acquise ne se perde pas. Selon E.A. Müller, certains sujets s'étant entraînés pendant 40 semaines avaient conservé 50% de leur force après les 40 semaines suivantes et cela sans aucun entraînement. Il est cependant possible de conserver le niveau de force déjà acquis en continuant à s'entraîner une fois par semaine. Durant cette période de maintien, vous utilisez toujours les mêmes charges, et le nombre de répétitions devrait rester constant.

# L'élément
# motivation

Si, dans les sports, plusieurs facteurs extrinsèques contribuent à nous encourager, en musculation, la motivation doit être intrinsèque. La compétition et la recherche de la victoire nous incitent souvent à nous surpasser dans un match de tennis ou de racquetball. Au hockey et au basket-ball, l'encouragement de nos coéquipiers ou des spectateurs nous fournit souvent la stimulation nécessaire à une meilleure performance. Or, en musculation, rivaliser les uns avec les autres pour soulever la plus grosse charge peut provoquer la rupture d'un tendon ou endommager certaines articulations. Sans motivation, l'individu ne peut pas canaliser toute l'énergie nécessaire à ses exercices. À cause de l'influence exercée par les facteurs psychologiques sur le système nerveux central, la motivation est très importante.

Les mécanismes d'inhibition du système nerveux ont déjà démontré qu'ils pouvaient accroître la performance musculaire d'un individu en situation émotionnelle intense, en compétition d'haltérophilie, en situation d'urgence ou en suggestion post-hypnotique. Si le système nerveux empêche toutes les fibres du muscle de participer à une contraction maximale, il peut compromettre vos gains en force.

Il ne faut cependant pas confondre les signes de fatigue réelle avec le manque d'enthousiasme. Ce n'est peut-être pas le manque de motivation qui fait défaut; ce sont probablement des symptômes de surentraînement qui se traduisent par une perte d'appétit, par l'insomnie ou par des douleurs musculaires persistantes. Après deux mois d'entraînement, certains auraient besoin d'une semaine complète de repos. Si parfois vous ne vous sentez pas bien, votre corps a peut-être de la difficulté à accepter les nouvelles demandes que vous lui imposez; donnez-lui congé!

La meilleure motivation se retrouve souvent dans le progrès accompli. La force augmente parfois à un rythme de 5% par semaine, mais ce rythme peut diminuer si le muscle approche sa limite déjà fixée par l'hérédité. La capacité à accroître la force musculaire est spécifique à chacun; elle est déterminée par la grosseur des fibres musculaires, par la proportion entre le nombre de fibres à contraction rapide et le nombre de fibres à contraction lente, par l'arrangement du levier anatomique formé par l'os et le muscle, par le somatotype de la personne et par la façon dont elle s'entraîne. Notre réponse à l'exercice et le rythme auquel nous progressons sont reliés à tous ces traits qui nous différencient les uns des autres. Il ne faut pas s'attendre à des changements prodigieux après deux semaines d'entraînement; vous ne pourrez constater de changements avant au moins 6 semaines. Si vos muscles ont déjà travaillé dans certains sports, ils répondront plus rapidement à l'entraînement; cependant, s'ils n'ont jamais été vraiment sollicités dans une forme de travail musculaire, les progrès seront plus lents.

Ne vous découragez pas si le ruban à mesurer n'indique pas de grossissement du muscle; appliquez-vous davantage à bien exécuter les exercices. De plus, les maniaques de l'embonpoint oublient souvent que le muscle prend facilement du poids malgré une diminution de l'excédent de gras. Vous ne pouvez peut-être pas changer la grosseur de votre buste ou la largeur de vos hanches, mais vous pouvez modifier votre attitude. La perception différente de votre corps vous amènera à l'accepter plus facilement tout en reconnaissant ses limites. Fixez-vous donc des objectifs réalistes; à chaque période de 6 semaines, essayez d'atteindre les charges proposées. L'augmentation des charges inscrites à votre fiche d'entraînement constitue souvent la forme de motivation la plus stimulante.

Après avoir atteint les objectifs fixés, récompensez-vous en prenant une semaine de congé. Les mêmes exercices répétés 3 fois par semaine peuvent devenir ennuyants après deux mois; n'hésitez pas alors à modifier votre programme. Sans risquer de compromettre vos progrès, changez certains exercices, modifiez-en l'ordre, à toutes les six semaines. Si vous ne constatez aucun progrès au cours des deux dernières semaines, n'hésitez pas à substituer temporairement un exercice à un autre, à modifier vos charges et votre nombre de répétitions. Profitez de cette période de léthargie pour essayer de nouveaux appareils. Après plusieurs semaines d'entraînement, il se peut que vous ayiez atteint un plateau: ça ne progresse pas, vous êtes frustré et désappointé. Encouragez-vous, car après ce plateau, vous progresserez à un rythme encore plus rapide.

Si un programme de quatre mois vous paraît trop long, pensez aux 10 ou 20 années pendant lesquelles vos muscles ont été négligés. Ces 45 heures d'entraînement représentent encore très peu pour remédier aux conséquences de l'atrophie musculaire installée depuis des années.

Si vous pouvez vous entraîner en équipe, vous serez surpris des progrès que vous réaliserez, car l'encouragement de deux ou trois partenaires participant au même programme constitue toute une stimulation.

Souvent les deux ou trois dernières répétitions apparaissent pénibles or, ce sont celles qui comptent le plus. N'abandonnez pas aux premiers signes de fatigue, ils indiquent seulement que vous poussez l'effort jusqu'à vos limites; c'est ce qu'il faut pour progresser!

Recherchez l'environnement le plus stimulant; une salle attrayante, un bon équipement et une musique de fond contribuent à créer une telle atmosphère. Si vous devez vous entraîner par temps chaud, sans ventilation appropriée, déplacez-vous après chaque série: en restant au même endroit, vous réchauffez l'air qui vous entoure.

# La fatigue musculaire

Afin d'augmenter sa force musculaire, on doit d'abord expérimenter la fatigue musculaire. Tout travail musculaire suffisamment intense produit de l'acide lactique; cette accumulation d'acide lactique peut atteindre un niveau de 10 à 15 fois plus élevé que le niveau du muscle au repos. Si cet acide s'accumule plus vite qu'il s'évacue du muscle, sa concentration provoque alors de l'irritation; le muscle et les extrémités des nerfs sont affectés par son effet toxique. La présence de cet acide entrave ensuite la contractilité du muscle: le muscle devient fatigué, épuisé et cesse de se contracter. Il doit se reposer pour permettre le retrait de l'acide lactique. La fatigue musculaire ainsi provoquée constitue un phénomène normal.

L'entraînement visant à développer l'endurance musculaire contribue cependant à retarder l'apparition de cette fatigue et à réduire la douleur provoquée. En augmentant le nombre de vaisseaux sanguins (capillaires et veinules) dans le muscle, il devient possible d'éliminer plus rapidement les déchets produits par la contraction du muscle. Ceci permet ainsi une meilleure livraison d'oxygène au muscle. Si les fibres peuvent utiliser plus d'oxygène, le combustible requis pour leur contraction sera davantage obtenu par processus aérobie, d'où une contraction qui requiert une plus forte proportion de gras et une moindre de sucre. En prévenant l'extinction des réserves de glycogène, vous prévenez aussi toute fatigue pouvant provenir du système nerveux, pour qui le glycogène constitue un carburant indispensable. L'évacuation de l'acide lactique du muscle par le flux sanguin semble souvent insuffisante les premières semaines d'un programme, c'est pourquoi le développement de l'endurance musculaire mérite d'être autant considéré que la force.

# Les blessures musculaires

S'entraîner jusqu'à la fatigue ne signifie pas s'entraîner jusqu'à épuisement. Respectez les périodes de récupération prévues entre chaque série, chaque exercice et chaque séance. Si des douleurs apparaissent pendant ou immédiatement après l'exercice, elles sont dues à la présence de déchets produits par la contraction et laissés dans les liquides entourant les cellules. De telles douleurs ne sont que temporaires et doivent être considérées comme normales. Cependant, si la douleur n'apparaît que 24 heures après l'exercice, elle peut être due à la déchirure de petits muscles ou de tendons. Lorsqu'un muscle est soumis à une surcharge qui excède sa capacité, il risque de se déchirer. Cette déchirure se produit plutôt chez les muscles antagonistes à des muscles plus forts. Une progression trop rapide des charges peut, aussi, causer une telle blessure.

Le tendon risque d'être déchiré dans des mouvements vifs et brusques; il peut se séparer du muscle et provoquer ainsi la contraction de ce muscle. Un tendon trop étiré risque aussi de perdre temporairement son élasticité. Le claquage, la rupture du tendon et l'élongation musculaire peuvent être évités en prenant soin de bien réchauffer et de bien étirer les muscles. Dans l'exécution des mouvements, il faut aussi éviter de donner des coups forçant les articulations au-delà de leurs limites, et éviter les secousses, les mouvements secs, rapides et saccadés. S'il y a blessure en exécutant des mouvements, l'entraînement doit être interrompu pour une période d'environ deux semaines afin de permettre aux fibres de se reformer. Pour éliminer la douleur, stimulez l'irrigation sanguine des régions endolories en réchauffant ou en massant. L'application de chaleur, de préférence humide — un bain chaud, une serviette mouillée — ou un coussin électrique, contribue à réconforter et accélère la guérison. Si la région affectée enfle, appliquez de la glace immédiatement après la blessure, puis allez consulter un médecin; il pourrait y avoir entorse, bursite, tendinite ou autre problème plus grave. Dans le cas d'une douleur forte persistante, ne jouez pas au martyr, consulter un médecin.

# La crampe musculaire

La crampe résulte de phénomènes complexes produits dans l'activité des cellules musculaires et nerveuses. Lorsque la décharge électrique provenant des neurones (les cellules nerveuses) excède le seuil d'excitabilité du muscle, il réagit en développant un maximum de tension. Le muscle se contracte en noeud dur quand il reçoit trop d'impulsions nerveuses trop rapidement. Lorsque les nerfs sensoriels détectent une activité cellulaire inhabituelle, ils transmettent cette information à la colonne vertébrale et au cerveau; les nerfs moteurs reçoivent alors ordre de déclencher un réflexe de contraction auprès du muscle. L'activité cellulaire peut être affectée par un manque d'approvisionnement en oxygène occasionné par une mauvaise circulation, par l'anémie, par l'effet de médicaments ou par une sensation de froid. Lorsque vous travaillez à la chaleur, au froid ou dans l'eau froide, une quantité supplémentaire de sang est requise au niveau de la peau pour assurer la thermorégulation, c'est-à-dire pour maintenir constante la température du corps. Dans ces cas, le flux sanguin acheminé vers les muscles devient moins abondant.

L'activité cellulaire inhabituelle peut aussi résulter d'un déséquilibre dans l'activité électrique des neurones. Un tel déséquilibre peut être causé par le manque d'ions sodium ou d'ions potassium. Par temps chaud et humide, le travail musculaire provoque une perte de sueur contenant une quantité importante de sel ou de sodium. Parfois l'alimentation ne fournit pas une provision suffisante de potassium. Pour prévenir la crampe, il faut alors consommer une quantité suffisante de fruits et légumes. Le potassium se retrouve surtout dans les tomates, le jus de tomate, le brocoli, les carottes crues, le poulet, les oeufs, le foie et les épinards. Lorsque vous travaillez par temps chaud et humide, buvez régulièrement, de

façon à remplacer l'eau perdue. Évitez de porter des vêtements qui font suer inutilement.

Pour réduire les risques de crampes, il faut réchauffer le
muscle et éviter les mouvements brusques. Il importe aussi de
bien étirer le muscle — avant et après — la séance d'entraînement, ce qui permet d'éviter les crampes nocturnes. S'il y a
crampe, étirez doucement le muscle. Le massage permet aussi
de rétablir l'irrigation sanguine du muscle.

## Les spasmes musculaires

La crampe raccourcit les muscles, alors que les spasmes
les font vibrer comme si le sang bouillait. Ce traumatisme est
causé par un déséquilibre entre le travail d'excitation et le travail d'inhibition des neurones. En recevant un nombre exagéré
de stimuli, les unités motrices provoquent une série de secousses prolongées à l'intérieur de la fibre musculaire. Les
spasmes ne causent pas de douleur, mais provoquent une sensation désagréable.

Dès que les spasmes commencent, appliquez de la glace
sur le muscle; si le spasme persiste, afin de l'enrayer, pressez-
en le centre en augmentant graduellement cette pression. Les
relaxants musculaires et l'électrothérapie peuvent aussi contribuer à l'élimination des spasmes. Évitez cependant de masser
vigoureusement.

## La sensation d'étourdissement

Enfin, l'étourdissement et l'évanouissement constituent
d'autres problèmes rencontrés dans une salle de musculation.
Il importe de vérifier d'abord sa respiration: celui qui retient
son souffle en soulevant sa charge peut être victime du phénomène de Valsalva. Retenir son souffle durant l'effort contri-

bue à augmenter la pression à l'intérieur de la cage thoracique. Cette pression comprime les veines qui retournent le sang au coeur. Si cette pression est maintenue trop longtemps, le coeur n'a plus que très peu de sang à pomper, d'où une diminution du flux sanguin au cerveau. Ceci peut provoquer un étourdissement ou un évanouissement. Il est donc essentiel de prévenir cette hausse de pression dans la cavité pulmonaire en expirant lorsqu'on soulève la charge.

# L'équipement requis dans une salle de musculation

Un élément important à considérer au début d'un programme de musculation est le choix du lieu de l'entraînement. Si vous pouvez fréquenter un club de musculation, vous avez peut-être trouvé la solution idéale. Dans une salle de musculation ouverte au public, vous rencontrez habituellement un instructeur en mesure de vous conseiller, et des personnes qui fréquentent cette salle pour les mêmes raisons que vous. Vous pouvez ainsi travailler dans une atmosphère plus stimulante qu'à la maison. Avant de vous abonner à un club semblable, vérifiez l'équipement disponible, la grandeur de la salle et sa disponibilité. L'équipement vous permet-il de travailler tous les groupes musculaires que vous vous proposez de travailler? En plus des haltères, y retrouvez-vous un nombre suffisant d'appareils qui vous permettront d'apporter de la variété à votre programme? Les stations de travail sont-elles suffisamment espacées et délimitées afin que les participants puissent évoluer sans se nuire? Les heures d'ouverture de la salle sont-elles conciliables avec votre horaire de travail? Vous est-il facile de vous rendre à cette salle à partir du travail ou de la maison?

Avant de vous abonner à un club de musculation, exigez une démonstration des exercices pouvant être exécutés avec les différents appareils, puis vérifiez si vous aimez travailler avec ces appareils. Une telle visite avant l'abonnement vous permet aussi de vous rassurer sur la compétence de l'instructeur disponible et de voir quel genre d'atmosphère est créée par les membres de ce club. Vérifiez si le taux de fréquentation n'est pas trop élevé aux heures que vous jugez propices à votre entraînement.

Même si vous possédez déjà des haltères à la maison, il peut être intéressant de combiner vos exercices avec ceux qui peuvent être exécutés à l'aide des appareils mis à votre disposition dans ces salles. Bien que les appareils soient conçus de façon à être plus sécuritaires et plus efficaces que les haltères, ceux-ci offrent cependant un plus grand choix d'exercices. Par ailleurs, avec ces appareils, vous ne risquez pas d'échapper un poids. De plus, ils vous font épargner du temps en éliminant la tâche qui consiste à toujours installer et retirer les disques aux barres. Avec ces appareils, les exercices sont souvent mieux exécutés, puisqu'il devient plus difficile de tricher. Les appareils isolent davantage le travail d'un groupe musculaire, mais ne contribuent pas autant que les haltères à l'acquisition de l'équilibre et de la coordination exigées pour maintenir un haltère en bonne position pendant le mouvement. La force développée avec les haltères devient, grâce à ces deux caractéristiques, plus transférable à d'autres gestes effectués dans les sports ou dans la vie courante.

Quiconque fréquente une salle de musculation doit respecter certaines règles d'étiquette. Après utilisation des haltères, retournez-les toujours à leur place sur les supports. Ne modifiez pas la charge d'une barre ou d'un appareil sans vérifier si quelqu'un d'autre ne l'utilise. Soyez prêt à donner votre assistance à quiconque en a besoin dans l'exécution de son exercice.

Afin d'éviter une senteur désagréable pouvant nuire aux autres, portez des vêtements propres et secs. Même si certaines salles paraissent bien attrayantes avec leurs appareils, il se peut que vous soyez plus à l'aise chez vous pour exécuter vos exercices. Certains appareils sont maintenant conçus pour être installés à la maison, mais les barres et les haltères constituent encore l'équipement le plus utile pour la maison ou le bureau.

Si vous décidez d'aménager une salle de musculation chez vous, assurez-vous d'avoir la superficie requise pour exécuter les exercices et prévoyez un espace suffisant pour entreposer votre équipement. La sécurité ne réside pas seulement dans la dimension de la salle, mais aussi dans les haltères utilisés. Si vous construisez vos haltères à partir de contenants de plastique ou de pots de peinture remplis de sable ou d'eau, vous risquez de vous blesser; les prises sont souvent inconfortables et les charges déséquilibrées, de sorte que la barre peut vous glisser des mains. Or, comme le prix d'achat des haltères est peu élevé, il ne vaut pas la peine d'en fabriquer et de risquer de se blesser. Les haltères permettent d'augmenter graduellement la résistance en connaissant les charges ajoutées; avec des sacs de sable ou des blocs de ciment, il devient difficile d'augmenter les charges aussi progressivement.

Votre équipement devrait comprendre une barre de métal de 150 cm, avec les collets nécessaires pour fixer des disques de 1, 2.5, 5, et 10 kilos aux extrémités. Procurez-vous aussi deux haltères d'une longueur de 40 cm avec des disques de 0.5, 1, 1.5, 3 et 5 kilos. Des anneaux d'aluminium peuvent recouvrir les barres et les haltères entre les disques et permettent ainsi une prise plus confortable. À la maison, il est parfois préférable d'utiliser des disques de vinyle plutôt que de fonte. Les haltères construits d'une seule pièce ont peut-être le désavantage d'offrir une seule possibilité de charge, mais si vous possédez quatre paires de 3, 4, 5 et 6 kilos, vous consacrerez moins de temps à la préparation de votre séance d'entraîne-ment. Le banc devrait avoir 120 cm de longueur, 30 cm de lar-geur et 40 cm de hauteur; il devrait, en outre, être muni d'un support à barre. Vos deux semelles de fonte devraient offrir la possibilité d'y insérer un haltère avec disques. Vous pouvez aussi vous procurer deux serre-chevilles auxquels vous pouvez ajouter différentes charges. Des supports pour vos barres, vos haltères et vos disques vous évitent souvent des blessures: il est facile de trébucher sur un haltère qui se déplace en rou-lant. Un miroir peut aussi vous être utile pour vérifier la bonne exécution des mouvements: parfois, le corps est mal aligné.

Des extenseurs avec élastiques ou ressorts, ou des appa-reils isométriques ne représentent pas un bon achat car leurs possibilités sont limitées et ils ne permettent pas une amplitude de mouvement suffisante. Le plancher sur lequel vous exécutez vos exercices devrait être recouvert d'un tapis de caoutchouc ou d'un vieux tapis de nylon. S'il vous est possible de régler la température de la pièce, réglez-la à 20 degrés Celsius.

Pour travailler à l'aise en musculation, il est important de porter un vêtement ample. Évitez les chandails et les culot-tes trop serrés qui semblent peut-être plus esthétiques, mais qui gênent les mouvements. Les fibres naturelles, telles que le coton, sont plus agréables à sentir sur la peau que les fibres synthétiques; le coton absorbe la transpiration, sèche vite et s'entretient facilement. Le survêtement contribue souvent à augmenter la température du corps de façon exagérée. Les vêtements de nylon, tels que les léotards, augmentent aussi la température du corps et contribuent ainsi à accélérer l'appa-rition de la fatigue. N'oubliez pas, enfin, de porter des souliers pour vous protéger contre les charges qui pourraient vous glis-ser des mains.

# Mesures de sécurité

Dans une salle de musculation, certaines règles doivent être observées quant à l'utilisation de l'équipement. Toute négligence en ce sens peut causer la chute d'un poids sur les pieds. La mauvaise exécution de certains exercices risque aussi d'accroître la tension exercée dans la région dorso-lombaire et d'accentuer souvent un défaut de lordose.

Avant de soulever du sol un haltère, vérifiez si les collets sont bien serrés. Retirez toute bague ou tout bracelet que vous pouvez porter. Équilibrez la barre en fixant les disques à une égale distance des deux extrémités. Lorsque vous soulevez un haltère, placez les pieds à la largeur des épaules, les orteils près de la barre, gardez le dos droit, la tête droite; utilisez la force des jambes pour soulever la charge en passant d'une flexion à une extension des jambes: la colonne vertébrale n'est pas construite pour être utilisée comme levier. Lorsque vous déplacez une charge, gardez aussi le tronc droit et évitez de circuler près des stations où d'autres travaillent. Ayez une serviette disponible pour vous essuyer les mains lorsqu'elles deviennent mouillées; l'utilisation de craie de magnésium peut aussi vous aider à éviter qu'une barre ne vous glisse des mains. Évitez de tricher en essayant de soulever des charges trop lourdes, en balançant l'haltère ou en arquant le dos. Les secousses provoquées par de tels mouvements imposent un effort exagéré aux tendons et aux ligaments.

Évitez les exercices d'haltérophilie tels que l'arraché et l'épaulé-jeté; ces exercices exigent la maîtrise de techniques particulières à ce sport. Évitez d'exécuter la flexion des bras avec tronc fléchi sans appui de la tête. L'accroupissement complet est un autre exercice dangereux; lorsque la flexion des jambes dépasse 90 degrés, le tibia doit exécuter un mouvement de rotation; or, l'articulation du genou est construite essentiellement pour la flexion et l'extension; tout travail de rotation risque de déchirer les ligaments du genou. Plus le genou est fléchi, plus la rotule presse contre le fémur; une telle tension risque d'endommager le cartilage situé directement sous la rotule, en plus de blesser le tendon entre la rotule et le tibia.

Quand vous exécutez le développé sur banc, assurez-vous d'avoir un partenaire disponible pour vous aider à remettre la barre sur ses supports après vos répétitions. Si vous devez travailler seul, roulez votre barre jusqu'aux cuisses; vous pourrez ensuite vous redresser. En plus d'être motivant, travailler en présence d'une autre personne constitue peut-être la meilleure garantie de sécurité.

# L'alimentation en période d'entraînement

Toute contraction musculaire est due à la présence d'adénosine triphosphate (ATP) dans les cellules du muscle. Or, la quantité d'ATP disponible est si faible qu'elle ne peut soutenir une contraction musculaire maximale que pendant trois secondes. Il est donc important qu'une quantité suffisante d'ATP soit produite par l'organisme pour permettre des contractions plus longues et plus nombreuses. Les plus grandes quantités d'ATP sont produites au cours d'un exercice poursuivi à un même rythme, pendant un minimum de 3 minutes. Ce type d'exercice s'exécute dans des conditions aérobies et peut ainsi utiliser de l'oxygène et du gras dans la fabrication d'ATP. Le jogging, le cyclisme et le ski de fond se situent dans cette catégorie d'exercices.

Le travail visant à développer l'endurance musculaire représente parfois une intensité suffisamment faible pour soutenir un effort de type aérobie. Mais la plupart des exercices de musculation, particulièrement ceux axés sur le développement de la force, requièrent une intensité de travail trop grande pour s'effectuer dans des conditions aérobies. De plus, la contraction des muscles est telle qu'elle exerce contre les vaisseaux sanguins une pression qui réduit l'irrigation sanguine du muscle. Le muscle ne peut donc pas compter sur son approvisionnement habituel en oxygène et en gras; il doit donc former son ATP à partir de ses propres réserves. En absence d'oxygène, le muscle peut produire de l'ATP à partir du glycogène déjà présent dans ses cellules. En musculation, l'ATP est surtout produit par ce processus; ce qui explique d'ailleurs la présence d'acide lactique provoquant la fatigue musculaire; car cet acide n'apparaît que lorsque l'ATP est produit à partir du glycogène et dans des conditions anaérobies.

En comprenant ainsi le rôle des différentes sources d'énergie qui permettent la contraction du muscle, il est possible d'identifier les éléments de notre alimentation qui sont utilisés comme carburants dans la contraction du muscle. Le gras et le sucre apparaissent comme les deux sources d'énergie provenant de l'alimentation. Il y a également les protéines qui sont aussi une source de calories; tout excédent de protéines est transformé en gras. Bien que le sucre constitue une source d'énergie importante pour le travail axé sur le développement de la force musculaire, il ne faut cependant pas croire que le sucre consommé juste avant la période d'entraînement fournira plus d'énergie. Manger un aliment sucré provoque une augmentation soudaine du taux de glucose dans le sang; le pancréas réagit aussitôt en sécrétant une trop forte quantité d'insuline; cette surproduction d'insuline provoque la diminution du taux de glucose sanguin. Cette réaction ressemble à l'effet de l'alcool sur le foie, qui se traduit par une diminution de la production de glucose sanguin. Il s'ensuit un effet d'hypoglycémie; les cellules du cerveau ne reçoivent plus suffisamment de glucose, d'où fatigue, étourdissement, vision embrumée et sensation d'euphorie. Si le travail des muscles requiert une quantité supplémentaire de glucose, ces symptômes sont encore plus prononcés. Ces symptômes apparaissent surtout après avoir mangé du sucre, du miel, du chocolat, du sirop, de la confiture ou de la gelée. Deux heures avant votre séance d'entraînement, vous devriez d'ailleurs éviter de manger; sinon vous risquez d'expérimenter une sensation désagréable telle que la nausée ou des crampes.

Une trop forte consommation de sucre risque de vous faire engraisser. Le sucre est emmagasiné sous forme de glycogène dans le muscle et dans le foie. Quand le muscle se contracte et requiert du sucre comme source d'énergie, le glycogène stocké dans le foie est converti en glucose et est transporté par le sang, vers le muscle. Quand la capacité des cellules à emmagasiner du glycogène atteint ses limites, tout excédent de sucre est converti en gras et emmagasiné dans le tissu adipeux.

Conservez dans votre alimentation les éléments nutritifs essentiels, de façon à maintenir un régime équilibré. Apprenez à aimer les fruits et les légumes; ce sont les aliments qui peuvent vous aider le plus en période d'entraînement. Choisissez, de préférence, des fruits frais plutôt que des fruits secs, trop riches en sucre. En plus de réduire les risques d'hypoglycémie, les fruits contiennent du fructose qui constitue la forme de glucide la plus utile à l'organisme. Évitez les légumes en conserve ou surgelés: les légumes frais présentent toujours une meilleure valeur nutritive et ils ont meilleur goût. Évitez les aliments riches en sucre blanc ou en farine blanche; vous risquerez moins de vous sentir paresseux, gonflé et lourd. N'oubliez pas que le miel contient le même type de glucose que le sucre blanc. Les aliments préparés commercialement contiennent plus de sucre que ceux préparés à la maison; le sucre stimule l'appétit et peut entraîner un apport excessif de calories.

La consommation de protéines amène souvent la consommation de gras; ainsi dans le boeuf, on retrouve une très forte proportion de gras. Un steak "T-bone" contient environ 20% de protéines et 80% de gras; le poulet, 30% de protéines et 40% de gras; tandis que la sole contient 80% de protéines et seulement 10% de gras. Le gras contient deux fois plus de calories que les hydrates de carbone (le sucre) et les protéines; le gras est donc le premier responsable de l'excédent de calories qui cause l'embonpoint. De préférence, choisissez donc des aliments qui sont riches en protéines sans être trop riches en calories. Le tableau suivant vous indique les aliments qui offrent le rapport protéines/calories le plus élevé, c'est-à-dire une valeur élevée en protéines tout en contenant peu de calories.

## Aliments présentant le meilleur rapport protéines/calories

| aliment | rapport |
| --- | --- |
| sole | 0,22 |
| aiglefin | 0,21 |
| crabe | 0,18 |
| poulet | 0.17 |
| dinde | 0,16 |
| thon | 0,15 |
| fromage de caillé (cottage) | 0,15 |
| saumon | 0,14 |
| flétan | 0,14 |

Le poisson devrait être acheté frais et non pas en conserve dans l'huile. Le poulet devrait être cuit sans gras et consommé sans peau. La viande est moins énergétique lorsqu'elle est débarrassée de son gras. Consommée en petite portion, la viande demeure une bonne source de protéines, en plus de contenir du fer. Le fer sert à la formation de l'hémoglobine et des globules rouges qui transportent l'oxygène dans le sang. Comme source de protéines, les oeufs représentent un excellent substitut à la viande.

Il ne s'agit pas seulement de rechercher les aliments qui contiennent les meilleures valeurs nutritives, il faut aussi veiller à ne pas excéder ses besoins en calories. Sauf si vous pratiquez d'autres sports que la musculation, vos besoins peuvent être estimés à environ 33 calories par kilogramme du poids corporel. Si vous pesez 70 kilos, vous ne devriez pas consommer plus de 2310 calories quotidiennement. Ce chiffre varie naturellement en fonction de vos activités.

Méfiez-vous des vertus miracles de certains aliments que la publicité cherche à promouvoir. L'organisme se satisfait très bien des aliments de base, qu'ils proviennent d'une culture activée à l'aide d'engrais ou autrement. "Alimentation naturelle" n'est pas synonyme de saine alimentation. Les aliments dits "naturels" ne représentent aujourd'hui qu'une marque commerciale et ne vous fourniront pas plus d'énergie pour votre entraînement. L'élément nutritif qui semble souvent le plus associé au travail musculaire est certes la protéine. Comme le steak apparaît comme l'aliment ressemblant le plus au muscle, certains en concluent qu'il ne peut que favoriser le développement de la force musculaire. Or, la transformation des aliments est beaucoup plus complexe. S'il fallait manger du muscle animal pour avoir plus de muscle dans le corps, à quel système de l'organisme serviraient les carottes et les tomates?

Les protéines consommées sont utilisées par l'organisme pour la croissance, l'entretien et la réparation du tissu musculaire. À cette fin, les protéines tirées de l'alimentation fournissent le nitrogène et les acides aminés nécessaires aux protéines que l'on retrouve dans les tissus de la peau, les organes, les muscles, le cerveau et les cheveux. Parmi les protéines du muscle, on retrouve de la myosine (50 à 55%), de l'actine (20% à 25%), de la troponyosine (10% à 15%) et une faible quantité de myoglobine. C'est l'exercice, et non pas l'alimentation qui modifie les concentrations de protéines dans le muscle; ainsi le travail visant à développer la force augmente la concentration de protéines myofibrillaires (actine et myosine) et le travail axé sur l'endurance accroît la concentration de protéines sarcoplasmiques. Les protéines, quoique très importantes, ne représentent cependant qu'environ 22% du poids total du muscle. En effet, le principal composant du muscle est l'eau dans une proportion de 70%.

Dans le travail faisant appel à la force, la quantité de protéines consommées doit être suffisante pour permettre la reconstitution du tissu musculaire. C'est pourquoi l'apport protidique doit être accru durant la croissance de l'enfant. En période d'entraînement musculaire intensif, la ration de protéines peut aussi être augmentée afin de combler les besoins suscités par le développement musculaire. La ration quotidienne recommandée pour l'homme-type (70 kg) et la femme-type (58 kg) est d'environ 0,8 gramme de protéines par kilogramme de poids corporel. L'individu qui fait des exercices de musculation deux heures par jour peut augmenter sa consommation de protéines jusqu'à un maximum de 1,0 gramme par kilogramme du poids corporel. Si vous suivez le programme proposé dans ce volume à raison de 3 séances de 45 minutes par semaine, votre ration quotidienne de protéines ne devrait pas excéder 0,9 gramme par kilogramme de poids corporel. Si vous pesez 70 kilos, votre ration de protéines devrait donc se situer entre 56 et 63 grammes. En période d'entraînement musculaire, l'adolescent, entre 16 et 18 ans, pourrait augmenter sa ration quotidienne de protéines de 1,0 à 1,1 gramme par kilogramme du poids corporel.

# Apport quotidien de protéines recommandé

| Âge | Sexe | Dépense énergétique (en calories) | protéines en grammes |
|-----|------|------|------|
| 16-18 ans | homme | 3200 | 54 |
| | femme | 2100 | 43 |
| 19-35 ans | homme | 3000 | 56 |
| | femme | 2100 | 41 |
| 36-50 ans | homme | 2700 | 56 |
| | femme | 1900 | 41 |
| 51 ans et | homme | 2300 | 56 |
| | femme | 1800 | 41 |

Source: "Apports quotidiens d'éléments nutritifs recommandés", révision 1975, ministère de la Santé et du Bien-être social, Canada.

Les protéines qui excèdent ces besoins sont transformées en gras dans le tissu adipeux. Les suppléments de protéines consommés en capsules représentent souvent un excédent qui ne sera pas utilisé par l'organisme. Cette quantité exagérée de protéines, si elle n'est pas accompagnée d'une forte consommation d'eau, risque d'affecter le rein en augmentant la rétention d'azote. Il faut 7 fois plus d'eau pour assimiler les protéines qu'il en faut pour assimiler le gras ou les hydrates de carbone. Les capsules de protéine que l'on prétend être des suppléments nécessaires à l'entraînement pourraient ne pas contenir tous les acides aminés indispensables à la construction de nouveaux tissus musculaires.

La principale fonction des acides aminés est de former les "briques" utilisées dans la construction des protéines corporelles. Chaque cellule est capable de synthétiser un très grand nombre de protéines spécifiques; il faut cependant que tous les acides aminés essentiels soient apportés en même temps par le flux sanguin pour que cette synthèse soit possible. Les protéines consommées doivent contenir 8 acides aminés, considérés essentiels pour former des protéines humaines; ce sont les acides lysine, leucine, isoleucine, méthionine, phénylanine, thréonine, tryptophane et valine. Le poisson, la volaille, les oeufs, la viande contiennent ces 8 acides aminés. Le riz contient tous ces acides sauf la lysine et, comme les fèves les contiennent tous, sauf la méthonine, la combinaison du riz et des fèves permet d'obtenir tous les acides aminés et constitue alors une source suffisante de protéine. Les grains, les noix et le fromage constituent aussi des sources de protéines incomplètes. La combinaison de macaroni et de fromage permet d'obtenir une source de protéine complète; il en est ainsi avec la combinaison de céréales et de lait.

## Exemples d'apport quotidien de protéines

|  | aliments | teneur en protéines |
|---|---|---|
| Apport quotidien de 54 grammes de protéines | 2 oeufs frits | 10 g |
|  | 1 hamburger | 31 g |
|  | 2 tranches de pain blanc | 4 g |
|  |  | 4 g |
|  | 1 tranche de jambon | 4 g |
|  | légumes divers | 5 g |
| Apport quotidien de 43 grammes de protéines | 1 portion de poulet | 21 g |
|  | 1 spaghetti italien | 14 g |
|  | 2 tranches de pain de blé entier | 6 g |

# Les stéroïdes anabolisants

Dans le but de connaître des progrès plus rapides dans l'amélioration et surtout dans l'hypertrophie musculaire, certains adeptes de la musculation consomment des stéroïdes anabolisants. Les stéroïdes contribuent à augmenter la biosynthèse de la protéine dans le muscle et pourraient ainsi augmenter la force. Or, aucune preuve scientifique n'a encore démontré que l'augmentation de la force musculaire pouvait être directement attribuable à cette drogue; les résultats obtenus pourraient aussi bien être dus à d'autres facteurs tels que l'entraînement et l'alimentation. Les stéroïdes agissent d'ailleurs sur le système nerveux en rendant plus agressif; ce qui inciterait l'individu à s'entraîner davantage.

L'ingestion de stéroïdes anabolisants provoque cependant des effets secondaires qui en font une drogue à bannir de tout entraînement. Le corps qui produit normalement cette stéroïde, c'est-à-dire l'hormone mâle désignée aussi sous le terme "testostérone", risque de ne plus en produire. Lorsqu'un organisme dont les glandes fonctionnent normalement reçoit une hormone, un mécanisme de compensation entre en action et réduit la production de cette hormone. Par exemple, quand un homme consomme de la testostérone, son corps réduit sa production de testostérone. L'ingestion de stéroïdes affecte le fonctionnement du foie, peut provoquer une hypertrophie de la prostate, cause une rétention excessive de liquide, altère la tolérance au glucose et peut, dans certains cas, accroître le taux de cholestérol sanguin.

L'individu qui suit un programme de musculation a avantage à respecter les règles d'une saine alimentation. Seul l'entraînement peut vous aider à atteindre les objectifs proposés. Les suppléments de protéines et les stéroïdes anabolisants ne peuvent produire de miracles. Leurs effets ne peuvent être que psychologiques; mieux vaut ne jamais commencer à en consommer pour éviter d'en devenir dépendant.

# La prévention et l'élimination d'un excédent de gras dans le poids corporel

Bien que nous constations souvent un intérêt marqué pour les mesures de circonférence chez les adeptes de musculation, ces mesures présentent peu d'utilité. L'individu qui désire vérifier les progrès qu'il a accomplis devrait davantage se référer aux charges qu'il soulève; ces chiffres constituent le meilleur indice de l'augmentation de sa vigueur musculaire. Le degré d'hypertrophie atteint à l'entraînement est trop relié au facteur héréditaire et au type physique pour être considéré comme un objectif à atteindre. Une autre mesure très populaire chez les individus désirant améliorer leur condition physique consiste à vérifier leur poids. Le poids corporel obtenu ainsi n'indique pas votre proportion de gras, de liquide, d'os, d'organes et de muscles. Le pèse-personne vous donne le poids total; or, dans ce poids c'est la proportion de gras qui représente l'indice le plus significatif de votre état de santé et votre niveau de condition physique. Par conséquent, la mesure de votre poids constitue souvent une donnée peu significative, car votre proportion de gras peut diminuer pendant que votre poids augmente. Lorsqu'un individu s'entraîne en musculation, ses muscles deviennent plus lourds; ce qui se traduit par une augmentation de poids. Comme le tissu adipeux ne contient que 20% de liquide et comme le tissu musculaire est constitué de liquide dans une proportion de 70%, une plus grande proportion de tissu musculaire signifie une plus grande quantité d'eau dans le corps. Cette quantité de liquide dans l'organisme influence considérablement le poids corporel. Chez l'individu qui possède une musculation bien développée, l'eau peut représenter 70% de son poids, alors que chez l'obèse la proportion d'eau peut s'avérer aussi faible que 45%. L'individu musclé dont le poids contient 10% de gras peut donc être plus pesant que l'individu moins musclé ayant 20% de gras dans son organisme. Comment alors déterminer le pourcentage de graisse dans le poids corporel?

Vous mesurez l'épaisseur de votre tissu adipeux au moyen d'un adiposomètre. Comme il existe un haut degré de corrélation entre la quantité de gras située sous la peau et la quantité totale présentée dans le corps, la mesure de ce tissu adipeux vous donne une estimation assez précise. Cette méthode consiste à obtenir l'épaisseur en millimètres de 4 plis sous-cutanés; au triceps, sous l'omoplate, à l'abdomen et au-dessus de l'os iliaque. L'addition des résultats des mesures de ces 4 plis vous donne votre adiposité totale; vous vous référez alors au tableau suivant pour connaître votre pourcentage de graisse dans le poids corporel.

# Détermination du pourcentage de graisse à partir de l'addition des 4 mesures de tissu adipeux

| adiposité totale | pourcentage de graisse |
|:---:|:---:|
| 20 | 8,8 |
| 25 | 9,6 |
| 30 | 10,3 |
| 35 | 11,1 |
| 40 | 11,9 |
| 45 | 12,6 |
| 50 | 13,4 |
| 55 | 14,2 |
| 60 | 14,9 |
| 65 | 15,7 |
| 70 | 16,4 |
| 75 | 17,2 |
| 80 | 18,0 |
| 85 | 18,7 |
| 90 | 19,5 |
| 95 | 20,3 |
| 100 | 21,0 |
| 105 | 21,8 |
| 110 | 22,6 |
| 115 | 23,4 |
| 120 | 24,1 |
| 125 | 24,9 |
| 130 | 25,7 |

Un pourcentage normal de graisse ne devrait pas dépasser 12% chez les hommes de moins de 25 ans et 15% chez ceux de 25 ans et plus. Chez les femmes, cette limite est fixée à 14%, si vous avez moins de 25 ans, et à 18% si votre âge est de 25 ans et plus. Lorsque le pourcentage de graisse dépasse ces limites, il y a excédent de gras dans le poids corporel.

Si vous ne pouvez utiliser la méthode des plis adipeux, il est encore préférable de vous fier au miroir plutôt qu'au pèse-personne. Se regarder nu dans le miroir donne une image assez fidèle de la proportion de tissu adipeux; les bourrelets qui apparaissent au ventre et aux hanches suffisent souvent pour indiquer un excédent de gras. Le tour de taille constitue aussi la circonférence la plus représentative de votre proportion de gras. Vous constaterez ainsi que le poids gagné avec un programme de musculation a plutôt tendance à s'installer aux bons endroits de façon à vous avantager physiquement, puisqu'il ne s'agit pas de tissu adipeux, mais de tissu musculaire.

Plus vos muscles sont forts, plus il vous est facile de prévenir un excédent de gras, car la quantité d'énergie que vous utilisez augmente aussi. Les muscles ont besoin d'énergie, même au repos, mais le gras n'utilise presque pas d'énergie et ne contribue donc pas à brûler les calories que vous consommez. À partir de l'âge de 25 ans, les individus perdent en moyenne 225 grammes de muscle et gagnent 450 grammes de graisse par année; ils doivent diminuer leur consommation quotidienne de calories, sinon leur proportion de tissu adipeux ne fait qu'augmenter. Le menu quotidien de l'homme de 50 ans devrait contenir 500 calories de moins qu'il n'en contenait 25 ans auparavant.

Les exercices de musculation n'occasionnent pas une dépense énergétique tellement élevée comparativement aux activités qui exigent un travail cardio-vasculaire plus intense. Comme l'énergie dépensée se mesure par la quantité d'oxygène nécessitée par la pratique de l'activité, plus forte sera la consommation d'oxygène, plus le nombre de calories brûlées sera élevé. Chaque litre d'oxygène consommé équivaut à 5 calories. Ainsi, pour une personne de 70 kilos, l'exécution d'exercices de musculation durant 40 minutes requiert 48 litres d'oxygène et provoque donc une dépense énergétique de 240 calories. Jogger 40 minutes, à une vitesse moyenne de 12 km à l'heure, provoquerait une consommation de 104 litres et une dépense de 520 calories. Considérant les 44 calories brûlées à vous reposer assis durant 40 minutes, votre séance de musculation occasionne donc une dépense énergétique supplémentaire de 196 calories. Il vous faudra donc 40 séances de musculation pour brûler un kilogramme de gras, chaque kilogramme de gras contenant 7700 calories. Il ne faut donc pas compter uniquement sur son programme de musculation pour maigrir. D'une part, vous devez rechercher d'autres occasions de dépenser de l'énergie et, d'autre part, vous devez diminuer la consommation d'aliments riches en calories. Bien que vos exercices de musculation brûlent peu de calories, ils contribuent néanmoins à diminuer l'appétit en réduisant le taux de glucose sanguin.

Si vous devez éliminer un excédent de gras, utilisez le plus de temps possible à y parvenir. Si votre programme de musculation s'échelonne sur six mois, prenez le même temps pour diminuer votre excédent de gras. Lorsque, dans une journée, vous brûlez davantage de calories que votre menu ne vous en fournit, vous contribuez à diminuer les réserves de gras de votre organisme. En 11 semaines, vous perdez 2 kilogrammes de gras si, à chaque jour, vos activités totalisent 200 calories de plus que le nombre de calories contenues dans vos aliments. Une différence quotidienne de 200 calories représente un total de 15 400 calories après 11 semaines. En effectuant un tel calcul, vous pouvez estimer le nombre de semaines requises pour atteindre votre objectif.

# 4

# Les exercices de musculation

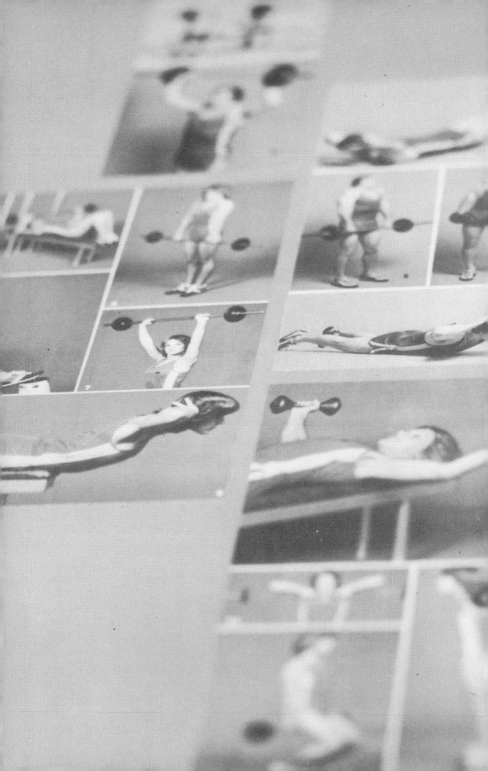

# Les programmes proposés

Les exercices présentés dans ce volume visent à tonifier les principaux groupes musculaires. Trois programmes de base sont d'abord présentés à l'intention de l'individu moins familiarisé avec la musculation. Les exercices composant ces trois programmes peuvent être exécutés à la maison ou à la salle de musculation. Des exercices additionnels sont aussi proposés à l'intention de celui qui aimerait élaborer son programme personnel. Vous y trouverez également les exercices pouvant être exécutés à l'aide des appareils de types Universal, Marcy ou Nautilus. Pour éviter d'inclure dans une même séance de musculation deux exercices qui travailleraient le même groupe musculaire, chaque exercice comporte un numéro identifiant le groupe musculaire sollicité. Chaque exercice retenu dans votre programme devrait donc comporter un numéro différent.

## Région musculaire sollicitée par les différents exercices

| Numéro de l'exercice | région | principaux muscles concernés |
|---|---|---|
| 1 | hanches | grand et moyen fessiers |
| 2 | avant de la cuisse | quadriceps |

| | | |
|---|---|---|
| 3 | arrière de la cuisse | ischio-jambiers |
| 4 | mollets | jumeaux et soléaire |
| 5 | haut du dos | trapèze, grand dorsal, romboïdes |
| 6 | poitrine | pectoraux |
| 7 | épaules | deltoïdes |
| 8 | avant du bras | biceps |
| 9 | arrière du bras | triceps |
| 10 | poignets | fléchisseurs et extenseurs de l'avant-bras |
| 11 | bas du dos | dorso-lombaires |
| 12 | abdomen | grand droit, grand oblique |

Les numéros servent à désigner l'ordre d'exécution des exercices: ainsi les hanches (no 1) devraient être travaillées avant les mollets (no 4), les épaules (no 7) et les poignets (no 10). Les gros muscles sont sollicités avant les petits muscles. Les muscles qui doivent agir comme stabilisateurs dans l'exécution de certains mouvements doivent être travaillés en dernier: c'est pourquoi les dorso-lombaires et les abdominaux portent les derniers numéros de la série, soit 11 et 12.

En plus d'un numéro, chaque exercice est aussi identifié par une lettre. La lettre peut désigner l'un des trois programmes (A, B et C) auquel est rattaché l'exercice; elle peut aussi désigner un exercice pouvant se substituer à un autre apparaissant dans un des trois programmes de base; ainsi l'extension des bras arrière (D-5) pourrait remplacer les élévations latérales sur banc (A-5); ces deux exercices travaillent le même groupe musculaire, soit le haut du dos. Parmi les exercices désignés par les lettres D, E, F, G et H, certains sollicitent des régions musculaires qui ne sont pas développées dans les trois programmes proposés. Ainsi la flexion des avant-bras (D-10) n'apparaît pas dans les programmes de base. Quiconque désire, cependant, travailler ces muscles pour améliorer son tennis ou pour toute autre raison particulière, peut inclure cet exercice dans son programme personnel. La lettre H désigne tout exercice nécessitant l'utilisation d'un appareil de type Universal ou Marcy. La lettre N identifie les exercices devant être exécutés au moyen des appareils Nautilus.

## Identification des exercices en fonction des programmes et de l'équipement requis

| code utilisé pour l'exercice | programme | équipement requis |
|---|---|---|
| A | 1er niveau pour hommes | haltères |
| B | 1er niveau pour femmes | haltères |
| C | 2e niveau pour hommes et femmes | haltères |
| D, E, F, G | exercices facultatifs | haltères |
| H | exercices facultatifs | appareils de type Universal ou Marcy |
| N | exercices facultatifs | appareils Nautilus |

Quiconque désire élaborer un programme personnel de musculation en fonction de ses besoins particuliers et en tenant compte de l'équipement qui lui est accessible peut puiser parmi les 60 exercices proposés. Cependant, 22 de ces 60 exercices sont regroupés dans 3 programmes. Ces programmes s'adressent à l'individu désirant travailler les principaux groupes musculaires; les muscles peu sollicités dans l'accomplissement des tâches quotidiennes sont ici touchés par un plus grand nombre d'exercices. On y retrouve moins d'exercices pour les jambes et plus pour les bras: nous avons souvent l'occasion de marcher, de courir, et de monter des escaliers, donc d'entretenir le tonus musculaire des membres inférieurs, mais nous fournissons rarement un effort aussi intense avec nos membres supérieurs. Les programmes proposés permettent de compenser en travaillant davantage les muscles les plus faibles. Chaque programme est construit de façon à ce que les mêmes muscles ne soient pas sollicités trop souvent dans une même séance de travail. Bien que chaque exercice désigné par un numéro différent doive travailler un groupe musculaire différent, il est toutefois impossible d'isoler complètement ces groupes, de sorte que certains muscles interviennent parfois dans deux ou même quatre exercices différents.

Chaque programme a été pensé de façon à faire travailler les muscles de façon différente: non seulement les exercices d'un même programme s'adressent à des groupes musculaires différents, mais ils impliquent aussi des mouvements différents. En se contractant différemment dans chaque exercice, le même muscle se fatigue moins et ne risque pas d'affecter l'exécution de l'exercice suivant dans lequel il est encore sollicité.

Les programmes A et B s'adressent aux personnes entreprenant pour la première fois un programme de musculation. Les exercices du programme B exigent de la part des muscles du tronc un effort isométrique moins exigeant: considérant la proportion moindre de masse musculaire dans le poids corporel de la femme, ces exercices lui conviennent davantage. L'utilisation d'haltères plutôt que de grandes barres présente aussi moins de risques et est davantage favorisée dans ce programme B, prévu pour les femmes. Il n'existe cependant aucun exercice qui doive être strictement réservé aux hommes ou aux femmes. Tout homme pourrait inclure dans son programme un exercice B; aussi, les femmes ne devraient pas craindre d'expérimenter les exercices qui apparaissent dans le programme A, conçu pour les hommes.

Le programme C présente une série d'exercices qui pourraient être exécutés par la personne déjà expérimentée en musculation. Ce programme de second niveau peut présenter un niveau de difficulté plus exigeant. Il est donc préférable d'avoir déjà suivi un programme de musculation avant de s'attaquer à celui-ci. Bien que les trois programmes proposés n'incluent que 7 ou 8 exercices, vous pouvez y ajouter quelques exercices facultatifs, sans toutefois excéder un total de 12 exercices, ou 24 séries. Après les deux premiers mois d'entraînement, n'hésitez pas à modifier votre programme en substituant certains exercices à d'autres.

# Programme de premier niveau pour hommes

A — 2  Demi-accroupissement avec banc
A — 5  Élévations latérales sur banc
A — 6  Traction arrière des bras fléchis sur banc
A — 7  Élévation latérale des bras
A — 8  Flexion des bras
A — 9  Développé des bras sur banc
A — 12  Ciseaux de jambes

**Demi-accroupissement avec banc**

En position debout, les pieds écartés à la largeur des épaules, les talons sont élevés d'environ 5 centimètres. La barre est retenue sur les épaules.

Fléchissez les genoux jusqu'à ce que les cuisses deviennent parallèles au sol. La hauteur du banc devrait permettre une telle flexion des genoux. Dès que les fesses effleurent le banc, vous revenez à la position de départ. Ne vous assoyez pas.

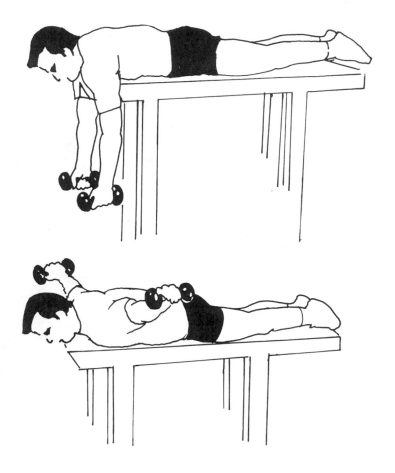

En position couchée ventrale sur un banc surélevé; les bras en extension vers le bas, les mains retiennent deux haltères.

En maintenant les bras allongés, vous soulevez les haltères latéralement jusqu'à ce qu'ils dépassent le niveau des épaules. Descendez ensuite lentement les haltères.

## A — 6    Traction arrière des bras fléchis sur banc

En position couchée dorsale sur le banc, tenez la barre au-dessus du buste, les coudes fléchis à un angle d'environ 90 degrés, les mains à une largeur légèrement moindre que la largeur des épaules. La nuque est appuyée contre l'extrémité du banc.

Descendez la barre de façon à ce qu'elle frôle la tête et descendre le plus bas possible tout en maintenant les bras fléchis. Évitez de cambrer le dos en expirant bien lorsque vous ramenez la barre au-dessus du tronc. Si vous avez tendance à arquer la région dorso-lombaire, fléchissez les genoux et placez les deux pieds sur le banc.

## A — 7    Élévation latérale des bras

En position debout, les jambes écartées à la largeur des épaules, deux haltères sont tenus avec les paumes de la main se faisant face. Le mouvement consiste à soulever les haltères latéralement au moins jusqu'à la hauteur de la tête en gardant les bras en extension. Le tronc doit rester droit pendant l'exécution.

En position debout, les pieds suffisamment écartés pour assurer un bon équilibre, la barre est tenue avec les bras complètement en extension.

Vous soulevez la barre jusqu'à la hauteur des épaules; d'une pleine extension, les bras passent à une flexion complète. Pendant le mouvement, les coudes doivent demeurer dans l'axe du corps; ils ne doivent donc pas devancer leur position initiale. Si vous avez tendance à cambrer le bas du dos pendant l'exercice, travaillez avec le dos appuyé contre un mur.

En position couchée dorsale, jambes fléchies et pieds au sol, la barre est soutenue juste au-dessus du buste les mains en delà des épaules. Vous soulevez la barre directement à la verticale, jusqu'à pleine extension des bras. Pour éviter d'arquer la région dorso-lombaire, expirez profondément lorsque vous soulevez la barre, inspirez en la descendant. L'utilisation d'un appareil pour cet exercice permet une plus grande amplitude de mouvement, la position de départ favorisant une flexion prononcée des bras.

## A — 12    Ciseaux de jambes

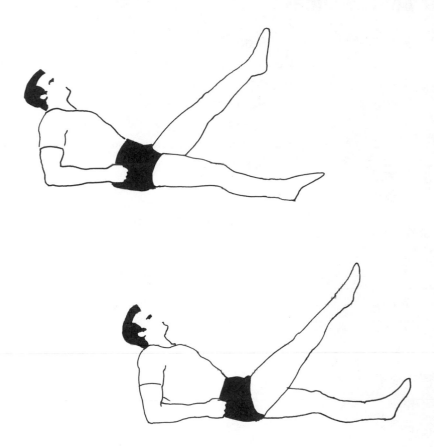

En position d'appui sur les coudes, les mains placées sous les han-ches, vous soulevez alternativement la jambe droite et la jambe gau-che. Si possible, travaillez sur un matelas de gymnastique. En plus d'être exécuté à la verticale, comme illustré, le ciseau de jambes peut se faire à l'horizontale. Des serre-chevilles peuvent être utilisés pour augmenter la résistance.

# Programme de premier niveau pour femmes

B — 1     Élévation latérale de la jambe
B — 2     Extension de la jambe en position assise
B — 5     Traction arrière des bras
B — 6     Élévation latérale des bras, dos au sol
B — 8     Flexion des bras en position assise
B — 9     Extension des bras en position assise
B — 12   Flexion et extension des jambes

## B — 1  Élévation latérale de la jambe

En position allongée sur le côté, les bras placés de façon à maintenir cette position, les deux jambes sont en extension. Un serre-cheville avec poids est fixé à la jambe gauche.

Vous soulevez cette jambe le plus haut possible sans permettre de rotation aux hanches; vous maintenez le pied pointé droit durant tout le mouvement. Si vous utilisez une semelle de fonte, placez sur l'autre pied une serviette pliée en guise de protection.

111

## B — 2    Extension de la jambe en position assise

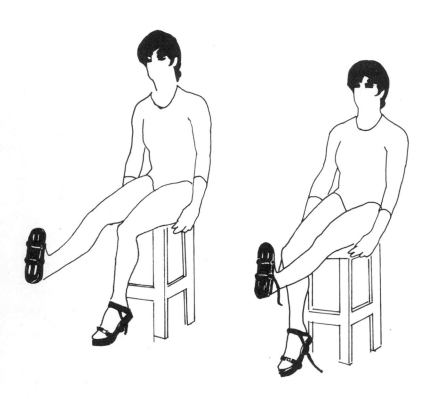

En position assise à angle droit, sur un banc surélevé ou sur une table, les genoux sont fléchis et les pieds ne touchent pas le sol. Des semelles de fonte ou des serre-chevilles sont fixés à chacun des deux pieds.

Vous relevez le pied jusqu'à la hauteur du genou; la jambe passe d'une flexion à une pleine extension. Complétez votre série de répétitions avec la première jambe avant d'exécuter le même mouvement avec la deuxième jambe.

En position couchée dorsale, les jambes fléchies, les genoux ramenés au-dessus de la ceinture, les chevilles croisées, les bras sont en extension au sol et tiennent la grande barre.

Vous soulevez la barre sans fléchir les coudes jusqu'à ce que les bras parviennent à la verticale. La position des jambes suggérée sert à prévenir la cambrure du dos.

## B — 6    Élévation latérale des bras, dos au sol

En position couchée dorsale, les bras allongés vers les côtés, un haltère dans chaque main, les jambes sont fléchies, les pieds en appui au sol.

Vous soulevez les haltères avec les bras en extension jusqu'à ce qu'ils parviennent à la verticale, les haltères directement au-dessus des épaules. L'exercice peut aussi être exécuté sur un banc; les bras sont alors légèrement fléchis et vous obtenez une plus grande amplitude de mouvement.

## B — 8    Flexion des bras en position assise

En position assise sur banc, les genoux rapprochés, les bras en extension vers le bas, un haltère est placé dans chaque main.

Vous soulevez l'haltère en fléchissant le coude; le bras passe d'une
pleine extension à une pleine flexion. Vous maintenez le tronc bien
droit et le coude demeure en ligne avec le tronc pendant le mouvement. Complétez votre série de répétitions avec le premier bras
avant de travailler avec le deuxième bras.

En position assise sur banc, la barre est tenue à la hauteur des épaules, les coudes fléchis. Les mains sont écartées de façon à bien maintenir l'équilibre de la barre. Vous soulevez la barre jusqu'à pleine extension des bras en suivant un tracé vertical. Le tronc est gardé droit et les pieds conservent un bon appui au sol.

## B — 12    Flexion et extension des jambes

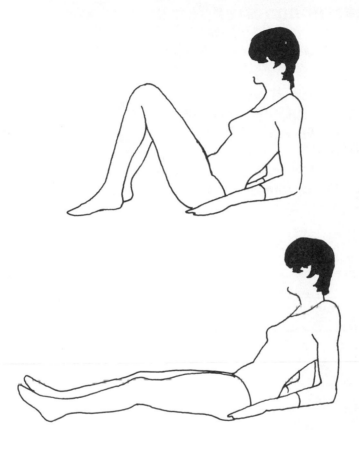

En position assise sur coussin, vous basculez légèrement vers l'arrière en soulevant les jambes à 15 centimètres du sol, puis vous maintenez l'équilibre avec l'appui des mains. D'une pleine extension des jambes, vous fléchissez jusqu'à ce que les genoux approchent le plus près possible du buste; les pieds ne touchent pas le sol. Le même exercice peut être exécuté en position couchée dorsale ou avec appui sur les coudes et les mains placées sous les hanches.

# Programme de second niveau
# pour hommes et femmes

C — 2     Demi-accroupissement

C — 3     Flexion des jambes sur banc, en position couchée ventrale

C — 5     Mouvement de rame

C — 6     Élévations latérales des bras fléchis, sur banc

C — 7     Élévation des coudes

C — 8     Flexion des bras sur plan incliné

C — 9     Traction arrière des bras

C — 12    Redressements de tronc

## C — 2    Demi-accroupissement

En position debout, les pieds écartés à la largeur des épaules, les talons sont appuyés sur un bloc d'une hauteur d'environ 5 centimètres. La barre est maintenue avec les mains sur les épaules. Fléchissez les genoux jusqu'à ce que les cuisses deviennent parallèles au sol. De cette position revenez debout jusqu'à pleine extension des jambes. Ne descendez pas les fesses aux talons. Si vous travaillez seul, assurez-vous de la proximité d'un support à barre ou d'un banc au cas où vous ne pourriez plus vous relever.

## C — 3 Flexion des jambes sur banc, en position couchée ventrale

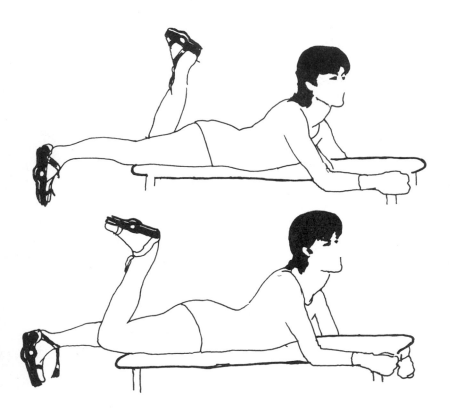

En position couchée ventrale sur le banc, des semelles de fonte sont fixées aux pieds. Les pieds dépassent l'extrémité du banc, puis les mains retiennent le banc pour assurer un support confortable. Un genou est fléchi pendant que l'autre jambe reste droite.

Le mouvement consiste à allonger la jambe fléchie pendant que l'autre jambe passe d'une pleine extension à une pleine flexion. Vous poursuivez en alternant ce mouvement avec les deux jambes.

## C — 5    Mouvement de rame

Le tronc est fléchi en avant et maintenu parallèle au sol; le front est appuyé contre le bord d'une table (de préférence, recouvert d'une serviette pliée). Les pieds sont suffisamment écartés pour assurer un bon équilibre. Les mains, à la largeur des épaules, retiennent la barre. Vous descendez la barre jusqu'à extension des bras, puis vous la remontez le plus près possible du buste. Ce déplacement de la barre s'exécute dans un axe vertical. L'appui de la tête réduit la tension que ce mouvement pourrait développer au niveau du dos.

## C — 6   Élévation latérale des bras fléchis, sur banc

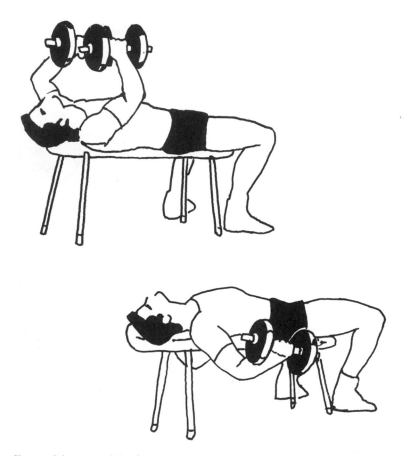

En position couchée dorsale sur banc, les jambes sont écartées et les pieds en appui au sol. Des haltères sont tenus dans chaque main, directement au-dessus du buste; les paumes de mains se font face et les coudes sont légèrement fléchis.

Les haltères sont descendus de chaque côté du banc en maintenant les coudes fléchis toujours selon le même angle. Pour prévenir toute cambrure du dos, expirez lorsque vous remontez les haltères.

## C — 7 Élévation des coudes

En position debout, les pieds à la largeur des épaules, la barre est tenue à la hauteur des hanches, les bras sont en extension et les mains distancées d'environ 8 centimètres. Vous élevez la barre jusqu'au menton en soulevant les coudes. Le tronc demeure droit et la barre se déplace dans un axe tout à fait vertical. Pendant tout le mouvement, vous maintenez la tête droite.

En position assise sur le banc, les bras sont appuyés contre le support incliné. La barre est tenue à largeur d'épaules, les coudes en extension.

Les bras fléchissent de façon à monter la barre jusqu'aux épaules. Le mouvement doit être exécuté d'une pleine extension à une pleine flexion des bras. Les pieds conservent un bon appui au sol et le tronc est maintenu droit sur le banc.

En position debout, la barre est tenue derrière la tête, les coudes en pleine flexion et pointés vers le haut. Les mains sont rapprochées d'environ 8 centimètres.

La barre est soulevée au-dessus de la tête; le mouvement est complété lorsque les bras parviennent à une pleine extension. Maintenez les pieds écartés au moins à largeur d'épaules et le tronc droit durant tout le mouvement.

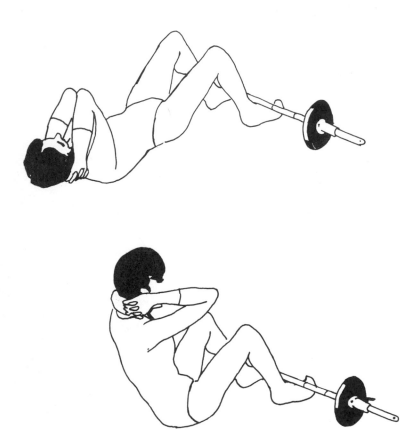

En position couchée dorsale, mains derrière la nuque, les jambes sont fléchies et les pieds retenus au sol par une charge quelconque. Vous redressez le tronc en dirigeant les coudes vers les genoux. Rapprochez le menton du buste de façon à bien enrouler la partie supérieure du tronc lorsque vous la soulevez. Expirez en remontant; vous réduisez ainsi la tension provoquée au niveau de la région dorsolombaire.

# Exercices facultatifs avec haltères

D — 1    Adduction des deux jambes
D — 4    Élévation des talons, debout
E — 4    Élévation des talons avec barre sur les genoux
D — 5    Extension des bras derrière la nuque
D — 6    Traction arrière des bras sur banc
D — 10   Flexion des avant-bras
E — 10   Extension des avant-bras
D — 11   Extensions dorsales, bras allongés
E — 11   Élévation des jambes en position couchée ventrale
F — 11   Extensions dorsales sur banc
D — 12   Redressements de tronc sur plan incliné

## D — 1    Adduction des deux jambes

En position couchée dorsale, mains appuyées au sol de chaque côté, des semelles de fonte sont fixées aux pieds, les jambes sont allongées et écartées vers les côtés. Vous rapprochez les deux jambes jusqu'à ce que les deux pieds se touchent. Le mouvement s'effectue en suivant une ligne droite et se termine lorsque les jambes se situent à la verticale.

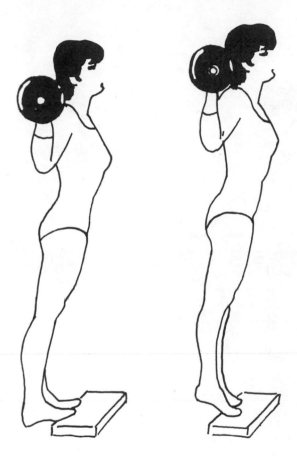

En position debout, la pointe des pieds sur un bloc d'environ 5 centimètres de hauteur, vous retenez la barre sur les épaules.
Soulevez les talons le plus haut possible en maintenant la pointe des pieds en contact avec la surface surélevée. Utilisez une grande serviette pliée comme appui entre la nuque et la barre. Si possible, travaillez entre des montants verticaux pour prévenir tout déséquilibre.

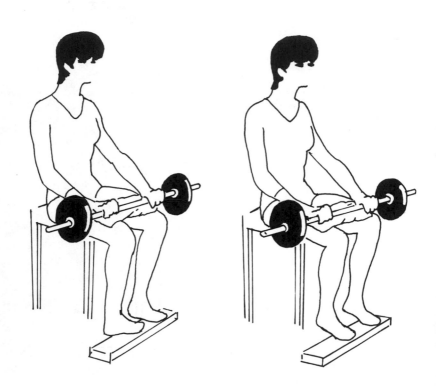

En position assise sur le banc, la barre est tenue sur les genoux, les orteils reposent sur un bloc d'une hauteur d'environ 5 centimètres, les talons touchent le sol.

Vous élevez les talons le plus haut possible. Pour un appui plus confortable de la barre, placez une serviette pliée sur les genoux.

## D — 5    Extension des bras derrière la nuque

En position assise, les jambes écartées pour assurer un support sta-
ble, la barre est tenue vis-à-vis la nuque, les mains sont écartées en
delà des épaules.
Vous soulevez la barre jusqu'à pleine extension des bras en maintenant toujours le tronc perpendiculaire au banc. Évitez de pencher la
tête; tenez-la droite. Lorsque vous redescendez la barre, ne l'appuyez
pas sur la nuque; aussitôt qu'elle touche à peine la nuque, vous la
remontez.

## D — 6    Traction arrière des bras sur banc

En position couchée dorsale sur banc, les pieds au sol, le pouce et l'index des deux mains sont appuyés contre l'un des disques de l'haltère. La nuque repose contre l'extrémité du banc, les bras sont allongés derrière la tête.

Vous soulevez l'haltère jusqu'à ce que les bras parviennent à la verticale. Au départ, les coudes peuvent être très légèrement fléchis. Si le dos tend à cambrer, placez les pieds sur le banc avec les genoux fléchis.

## D — 10    Flexion des avant-bras

En position assise sur banc, les avant-bras sont appuyés contre la partie supérieure des cuisses. La barre est retenue par le bout des doigts, les poignets en extension vers le sol.

Vous remontez les doigts en fléchissant les poignets; la barre roule ainsi dans la paume des mains jusqu'à ce qu'elle soit le plus élevée possible au-dessus des genoux. Maintenez toujours l'avant-bras appuyé contre les cuisses.

Vous pouvez aussi exécuter ce mouvement les avant-bras appuyés sur le banc, en position agenouillée.

## E — 10    Extension des avant-bras

En position assise sur banc, les avant-bras sont appuyés contre la
partie supérieure des cuisses, les mains sont à la largeur des épaules.
La barre est tenue le plus haut possible, les paumes de mains face au
sol, poignets en extension.

Vous descendez la barre jusqu'à ce que les poignets parviennent à
une pleine flexion. Vous exécutez le mouvement en prenant soin de
retenir la barre solidement avec les doigts et en gardant les avant-
bras en contact avec les cuisses.

## D — 11    Extensions dorsales, bras allongés

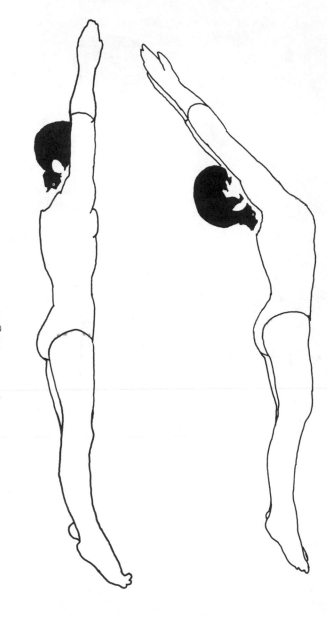

En position couchée ventrale, les bras sont allongés au sol, devant la tête. Les jambes font contact avec le sol, les genoux en extension. Vous soulevez la partie supérieure du tronc en élevant les bras; lorsque le menton s'est élevé d'environ 15 centimètres du sol, vous redescendez. Pendant tout le mouvement, les cuisses demeurent en contact avec le sol.

# E — 11   Élévation des jambes en position couchée ventrale

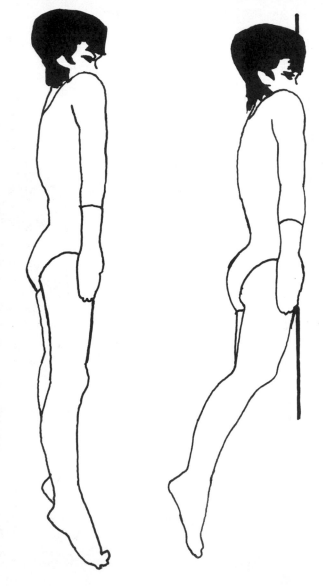

En position couchée ventrale, les bras le long du corps et les mains placées sous les hanches, les jambes sont allongées au sol.

Vous soulevez les jambes jusqu'à ce que les pieds s'élèvent d'environ 15 centimètres. Les genoux demeurent en extension de façon à ce que les cuisses puissent bien décoller du sol. Pendant le mouvement, le buste demeure toujours en contact avec le sol.

En position couchée ventrale sur banc surélevé, vous avancez la partie supérieure du tronc (de la tête à la ceinture) jusqu'à ce qu'elle
dépasse l'extrémité du banc. Les hanches et les jambes demeurent en
contact avec le banc.

Vous fléchissez le tronc vers le bas en maintenant les mains à la
nuque. Vous remontez jusqu'à ce que le menton dépasse le niveau
du banc d'environ 15 centimètres; évitez l'hyper-extension. Vous
pouvez augmenter la résistance en tenant un haltéro-sac sur les
épaules.

## D — 12    Redressements de tronc sur
plan incliné

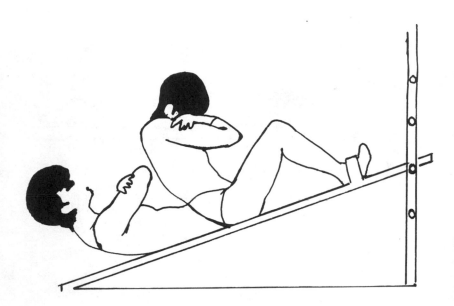

En position couchée dorsale avec genoux fléchis, mains derrière la nuque, les pieds sont retenus de façon à ce que les orteils pointent vers le haut. En enroulant la partie supérieure du tronc, vous vous redressez jusqu'à ce que les coudes touchent aux genoux. Expirez pendant le redressement, inspirez en descendant. La résistance peut être augmentée en élevant la partie supérieure du banc ou en tenant un haltéro-sac sur les épaules. Pour varier l'exercice, vous pourriez aussi tenir un disque sur la poitrine ou effectuer des demi-redressements.

# Exercices facultatifs avec appareils

H — 1    Adduction de la jambe

H — 2    Développé des jambes

H — 3    Flexion des jambes en position couchée ventrale

H — 4    Élévation des talons

H — 5    Traction sur la nuque

H — 9    Extension des bras vers le bas

## H — 1   Adduction de la jambe

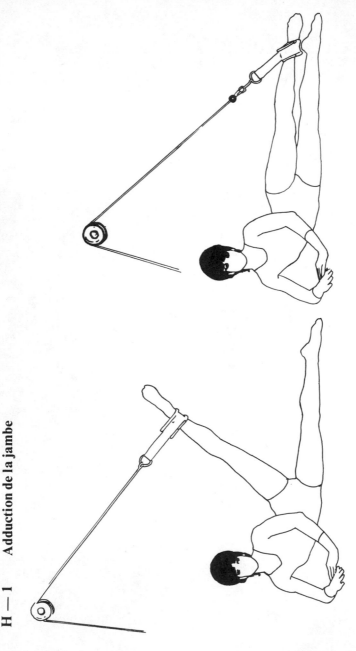

En position allongée sur le côté, les bras disposés de façon à maintenir cette position, la jambe gauche est élevée. Une courroie relie la cheville gauche au câble de l'appareil.

Sans fléchir le genou, vous descendez la jambe jusqu'à ce que les deux pieds se touchent. Gardez la pointe du pied dirigée vers le côté, évitez de pointer vers le haut.

En position couchée dorsale sur plan légèrement incliné, la barre est placée sur le milieu du pied; les genoux sont fléchis à un angle de 90 degrés.

Vous soulevez la barre jusqu'à ce que les jambes parviennent à une pleine extension. Lorsque vous avez terminé vos répétitions, replacez le cran de sureté en tournant avec les doigts les barres verticales prévues à cet effet.

## H — 3    Flexion des jambes en position couchée ventrale

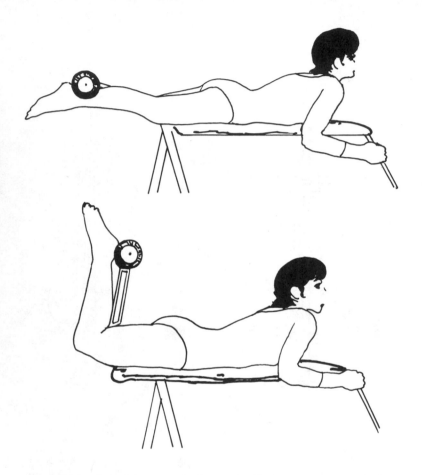

En position couchée ventrale, les mains fixées au banc, les pieds sont placés sous la barre, les jambes en extension.

Vous montez la barre en fléchissant les genoux; la barre est ainsi poussée par la partie supérieure du talon, au niveau du tendon d'Achille. Le mouvement est complété lorsque les jambes ne peuvent fléchir davantage.

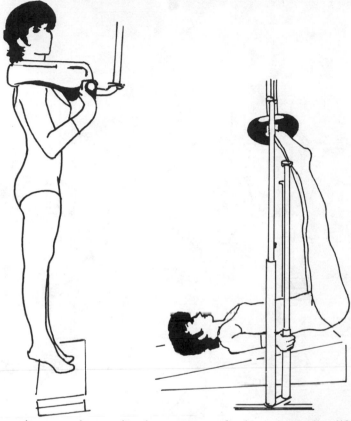

Cet exercice peut être exécuté au moyen de deux appareils différents. Le premier applique une résistance sur les épaules: en maintenant le tronc droit et les jambes en extension, les talons touchent le sol et les orteils sont surélevés d'environ 5 centimètres. Vous montez sur la pointe des pieds pour soulever les talons le plus haut possible.

Avec le deuxième appareil, vous maintenez une position allongée sur le dos, les jambes tendues vers le haut. Vous poussez avec la pointe des pieds pour soulever la charge le plus haut possible, les genoux demeurent en extension.

En position agenouillée, face à l'appareil, les mains saisissent les poignées de la barre. Le tronc est droit et rapproché de l'appareil. Vous descendez la barre jusqu'à ce qu'elle touche la nuque; le câble retenant la barre devrait suivre une ligne verticale. Si les genoux ont tendance à quitter le sol, placez des haltéro-sacs sur les mollets.

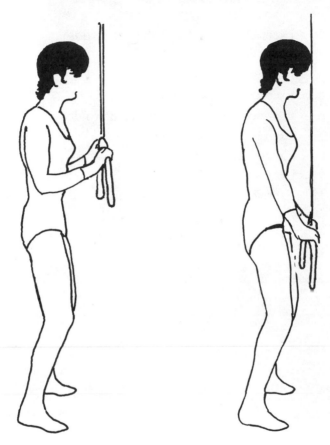

En position debout, face à l'appareil, la barre est tenue à la hauteur du buste, les mains sont écartées d'environ 15 centimètres, et les pieds à la largeur des épaules, pour assurer un bon équilibre. Maintenez-vous à une distance suffisante de l'appareil pour permettre à la barre de descendre en ligne verticale.

Descendez la barre jusqu'à extension complète des bras. Gardez le tronc droit.

# Exercices à l'aide des appareils Nautilus

N — 1    Exercice pour les hanches et le dos

N — 2    Extension des jambes

N — 3    Flexion des jambes

N — 5    Exercice de traction

N — 6    Exercice pour pectoraux et deltoïdes

N — 7    Exercice pour l'épaule

N — 8    Flexion des bras

N — 9    Extension des bras

N — 12    Exercice pour les abdominaux

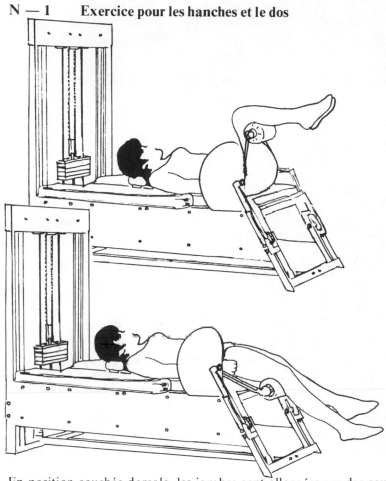

En position couchée dorsale, les jambes sont allongées sur des rouleaux coussinés. Les hanches sont alignées vis-à-vis les cames (roues excentrées en rapport avec l'axe du mouvement). Les pieds sont dirigés vers le sol.

La jambe gauche fléchit et s'approche le plus possible du buste, elle revient ensuite en extension rejoindre la jambe droite qui était demeurée allongée pendant ce mouvement. Vous répétez le même mouvement avec la jambe droite.

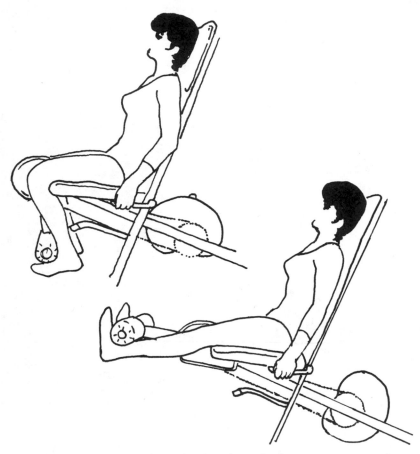

En position assise sur le banc, les épaules et la tête en contact avec le dossier, les pieds sont placés sur les rouleaux coussinés, l'arrière des genoux touchant à l'extrémité du siège.

Vous allongez les jambes jusqu'à pleine extension. Vous revenez ensuite à la position initiale sans vous pencher. Le dos, les épaules et la tête demeurent appuyés contre le dossier pendant tout le mouvement.

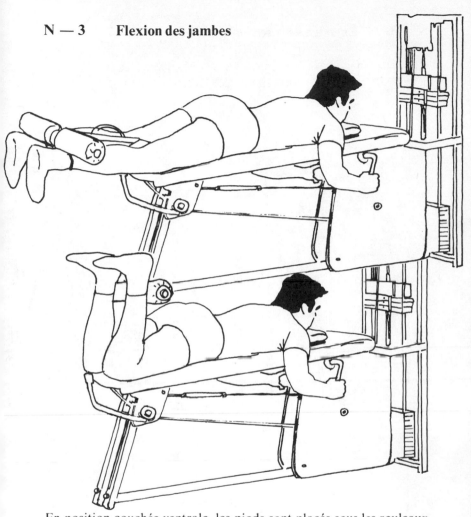

En position couchée ventrale, les pieds sont placés sous les rouleaux coussinés, les genoux dépassent l'extrémité du banc. Les mains s'agrippent aux poignées pour stabiliser la position du tronc.
Vous élevez les talons et tentez de les rapprocher le plus près possible des fesses. Vous descendez ensuite les avant-jambes jusqu'à extension des genoux. Pendant tout le mouvement, le pied est fléchi vers le genou; évitez de pointer les orteils.

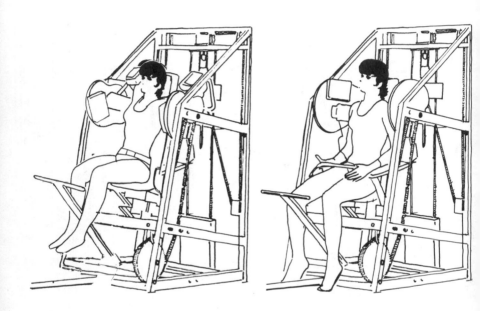

En position assise sur le banc, préalablement réglé pour aligner l'articulation de l'épaule avec les cames de l'appareil, gardez le dos et la tête appuyés contre le dossier. Avec vos pieds, poussez sur les pédales afin que les appui-coudes se situent au niveau du menton. Appuyez les coudes contre les appuis, les mains demeurent ouvertes près de la partie courbée de la barre sans la pousser.
Élevez les coudes le plus haut possible, puis descendez-les jusqu'à ce que la barre touche l'estomac.

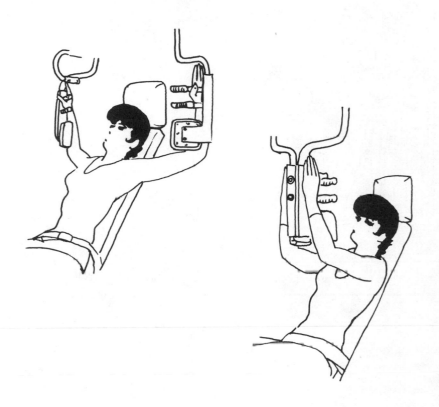

En position assise sur le banc réglé pour permettre aux coudes d'être légèrement plus élevés que les épaules, les avant-bras sont placés derrière les appuis coussinés. Les mains retiennent à peine les poignées, la tête est appuyée contre le dossier.

Avec les avant-bras, poussez contre les appuis de façon à rapprocher le plus possible les deux coudes. Lorsque les appuis se retrouvent ainsi devant le buste, revenez à la position initiale en écartant de nouveau les coudes.

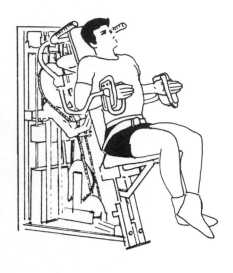

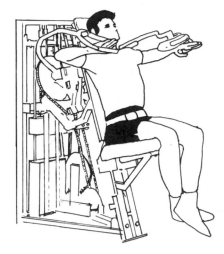

En position assise sur le banc réglé de façon à ce que la hauteur des épaules coïncide avec l'axe des cames. L'extérieur des mains est appuyé contre les appuis coussinés. Les cuisses restent en contact avec le siège et les pieds sont croisés. Vous soulevez les avant-bras contre la résistance des appuis, les bras s'écartent vers les côtés jusqu'à ce qu'ils atteignent une position horizontale.

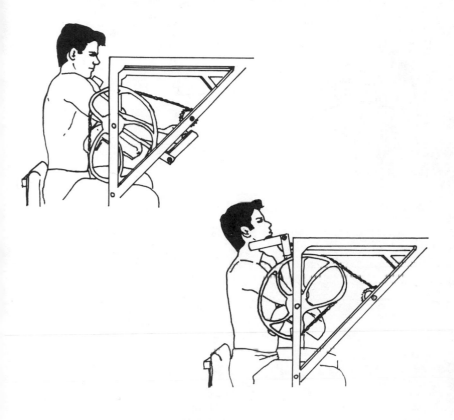

En position assise sur banc, les coudes sont alignés avec les cames. Les bras sont en extension, les mains saisissent la barre.

L'arrière des bras, au niveau du triceps, demeure en contact avec l'appui coussiné. Les coudes fléchissent et les mains tirent la barre jusqu'au menton, sans toutefois y toucher. Lorsque les bras ont atteint leur pleine flexion, ils reviennent ensuite en extension.

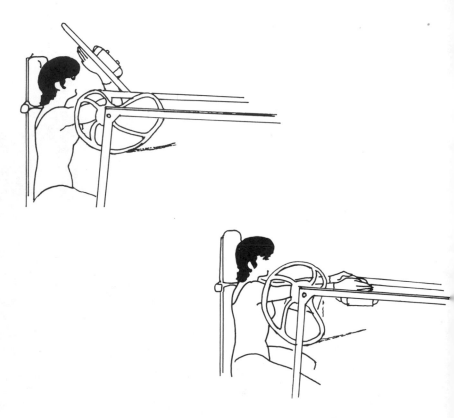

En position assise sur siège réglé de façon à ce que les épaules soient légèrement plus basses que les coudes. Les côtés des mains sont placés contre les appuis avec les pouces vers le haut.

En gardant les poignets et les coudes appuyés, descendez les avant-bras jusqu'à pleine extension des coudes. La hauteur du siège devrait permettre aux bras d'être parallèles au sol lorsqu'ils sont en extension. Les paumes des mains ne devraient en aucun temps pousser contre les appuis; maintenez les mains en position de coup de karaté.

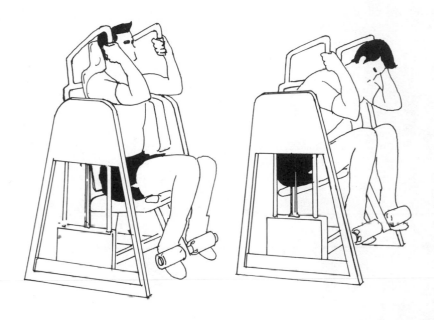

En position assise sur le siège de l'appareil, les mains fixées aux poignées situées au-dessus des épaules, le dos est appuyé contre le dossier, les pieds placés sous les rouleaux coussinés.
Soulevez les jambes et descendez les épaules afin que les genoux se rapprochent des coudes.

# 5

# Sports et musculation

# La performance sportive

Depuis que la science s'intéresse à l'amélioration des performances sportives, la musculation apparaît dans presque tous les programmes d'entraînement. Bien que l'athlète soit déjà favorisé par le facteur génétique, par sa facilité à maîtriser l'habileté exigée et par sa capacité à concentrer son énergie sur une tâche spécifique, il recherche néanmoins d'autres avantages susceptibles de l'aider à surpasser sa performance. Le raffinement de sa technique par la correction de certains gestes, et la pratique répétée d'une technique inspirée d'un patron idéal constituent, certes, le noyau de son entraînement. Cependant, le niveau de compétition exige souvent plus qu'une bonne maîtrise de la technique. Le sportif doit, en outre, améliorer toute autre qualité susceptible d'affecter sa performance. La vitesse, la puissance, la force, l'endurance et la souplesse viennent alors compléter son entraînement.

Dans la recherche d'une performance optimale exigeant un haut degré de force ou d'endurance, l'individu est cependant limité par sa proportion de fibres musculaires à contraction lente et de fibres à contraction rapide. Cette proportion est déjà fixée par l'hérédité. La proportion de fibres à contraction rapide détermine le degré de force qu'un muscle peut acquérir. Chez un "sprinter", cette proportion se situe souvent à 78% alors que chez un marathonien, elle atteint à peine 26%. Le marathonien est donc défavorisé dans les épreuves de force et de vitesse, mais favorisé dans les épreuves d'endurance, puisque sa proportion de fibres à contraction lente se situe à 74%, alors que chez le "sprinter" elle ne se situe qu'à 22%. Les fibres à contraction lente ont une meilleure capacité d'utilisation de l'oxygène que les fibres à contraction rapide, car elles bénéficient d'un plus grand nombre de capillaires; leur nombre de mitochondries et leur concentration d'hémoglobine sont plus élevés.

La force et la vitesse dépendent de la vitesse avec laquelle l'ATP peut être utilisé; or, c'est ce qui caractérise les fibres à contraction rapide. Chez l'haltérophile, cette proportion de fibres à contraction rapide atteint souvent 83%, d'où un avantage marqué dans les épreuves de force.

L'entraînement, qu'il vise le développement de la force ou de l'endurance, ne peut modifier la proportion de ces deux types de fibres, mais il peut faire en sorte qu'une fibre à contraction rapide augmente sa capacité d'oxygénation. Dans la recherche d'une performance optimale, cette limite physiologique mérite d'être considérée pour éviter d'espérer des résultats miracles. Chez la majorité des sportifs qui ont recours à la musculation pour améliorer leur performance, la spécificité constitue toutefois le facteur qui mérite le plus d'attention.

## Un entraînement spécifique

L'application de la force dans un geste sportif s'avère relativement complexe. Un mouvement appris, tel que le service au tennis, ne dépend pas seulement de la force des muscles utilisés dans le mouvement, mais dépend aussi d'une série coordonnée d'interventions neuro-musculaires. L'interaction complexe entre le système nerveux et le système musculaire explique pourquoi les muscles des jambes, lorsque renforcés par un exercice tel que l'accroupissement, ne déploient pas autant de force dans un mouvement comme le saut. En conséquence, renforcer les muscles qui peuvent être utilisés dans des sports tels que le tennis, le golf ou le football, exige plus qu'identifier les muscles servant à exécuter le mouvement pour ensuite les travailler en vue d'augmenter leur force. L'entraînement doit être spécifique aux mouvements exacts requis par l'activité. Entraîner les muscles des bras à devenir plus forts par certains exercices à résistances progressives ne signifie pas nécessairement que tout mouvement de bras sera ensuite mieux exécuté. Si vous désirez améliorer une performance spécifique en renforçant la musculature, vous devez entraîner les muscles avec des mouvements qui ressemblent le plus possible aux gestes effectués dans cette performance. En natation, certains appareils sont d'ailleurs conçus pour permettre aux nageurs d'exécuter des mouvements presque identiques à ceux qu'ils exécutent dans l'eau. Au football, les joueurs de ligne travaillent la force des jambes en poussant contre d'immenses supports métalliques dont la résistance s'apparente à celle des joueurs d'une ligne adverse.

Si vous avez accès à une salle de musculation conçue pour les mouvements spécifiques à votre discipline sportive, vous possédez la solution idéale. Sans quoi, vous devez choisir parmi les exercices de base ceux qui imitent le plus possible les mouvements requis par votre discipline.

## Les qualités musculaires recherchées

Quelles sont les qualités qui doivent être développées pour améliorer votre performance sportive? Tout sportif devrait d'abord viser un développement musculaire général avant de suivre un entraînement spécifique. Les exercices suggérés dans ce volume permettent de travailler les groupes musculaires les plus sollicités dans la pratique des différents sports. Les principes d'entraînement déjà appliqués aux programmes proposés permettent, en outre, d'améliorer la force et l'endurance. Ce sont les qualités de base requises pour profiter au maximum de ses sports favoris. L'individu possédant déjà un niveau de force supérieur pourrait se concentrer davantage sur le travail d'endurance. Dans la majorité des sports, l'endurance est plus utile que la force, mais la force demeure toujours un préalable nécessaire à un niveau d'endurance musculaire satisfaisant. Dans plusieurs sports, l'hypertrophie pourrait constituer un handicap; c'est d'ailleurs le cas en natation où le travail musculaire à amplitude complète est très important pour prévenir le grossissement exagéré du muscle. Pour éviter l'hypertrophie, l'individu déjà bien musclé pourrait aussi travailler uniquement son endurance.

Certains sports demandent aux muscles de se contracter le plus vite possible en développant le plus de force possible. Cette qualité peut être obtenue en travaillant la puissance musculaire. La vitesse résulte de l'application d'une force à une masse; la force est fournie par la contraction du muscle et le corps constitue la masse à déplacer. Le muscle doit alors forcer, pendant que le mouvement doit être exécuté rapidement. La vitesse d'exécution devrait correspondre le plus possible à la vitesse des mouvements exécutés dans le sport pratiqué. Une meilleure coordination neuro-musculaire et une flexibilité accrue contribuent aussi à augmenter la vitesse.

En plus d'agir sur la force du muscle, sur sa puissance et sur sa vitesse, les exercices à résistances progressives améliorent la condition physiologique du muscle, ce qui favorise un meilleur contrôle du corps et facilite les changements rapides de direction. Le sportif ne risque donc pas de perdre son agilité, ni sa coordination. Les exercices de musculation contribuent aussi à améliorer la coordination dans la mesure où l'endurance musculaire, la force et la puissance sont requises dans la performance de l'habileté. La flexibilité peut être accrue à la condition que les exercices à résistances progressives soient bien exécutés, c'est-à-dire complétés jusqu'à l'amplitude complète du mouvement. Il pourrait y avoir perte de flexibilité si le muscle travaillait dans une position fixe ou selon un angle limité.

Votre programme de musculation vous permet de prévenir les blessures quand vous pratiquez des sports. Une meilleure flexibilité permet de mieux contrôler la tension appliquée à l'articulation dans certains gestes sportifs. Un muscle exercé sur toute sa longueur protège davantage l'articulation, particulièrement au niveau des tendons. Les exercices de musculation permettent de renforcer les ligaments du genou et d'éviter des blessures: lors des mouvements, ce sont les ligaments qui maintiennent les os en place. Dans les sports de raquette, un niveau de force suffisant des extenseurs de l'avant-bras permet de prévenir l'épicondylite, plus connue sous l'appellation "tennis elbow". Dans ces sports, les fléchisseurs de l'avant-bras deviennent trop forts par rapport aux extenseurs, causant ainsi un déséquilibre entre ces deux groupes antagonistes.

Les exercices de musculation viennent rétablir l'équilibre des forces agissant sur une articulation, et cela s'applique à plusieurs sports. Lorsque certains muscles sont sur-utilisés par rapport aux antagonistes, sans avoir l'occasion de travailler jusqu'à pleine amplitude, ils raccourcissent et acquièrent une certaine rigidité; l'articulation devient ainsi plus vulnérable. Lorsque les antagonistes sous-utilisés deviennent plus faibles, le déséquilibre entre les deux groupes musculaires rend ces muscles plus exposés à des déchirements ou à des élongations. Au jogging, l'extension répétée de la jambe rend souvent le muscle de la région antérieure de la cuisse, le quadriceps, trop fort par rapport au muscle de la région postérieure, l'ischio-jambier; ce dernier doit alors être renforcé pour rétablir l'équilibre, sinon le coureur risque une élongation à l'arrière de la cuisse. Ce type de blessure se rencontre aussi dans toutes les autres activités qui exigent de la course. Les cyclistes, les joueurs de hockey et les skieurs ne connaissent presque jamais ce problème, car dans ces sports, le quadriceps n'est pas plus sollicité que l'ischio-jambier. Dans plusieurs sports, le muscle se contracte dans une position fixe ou travaille à l'intérieur d'un angle limité; il se produit alors une perte de flexibilité. Pour y remédier, le muscle doit être sollicité dans un exercice qui le fait travailler jusqu'à pleine amplitude de mouvement, c'est-à-dire d'une pleine flexion à une pleine extension.

Il importe de distinguer deux périodes d'entraînement en relation avec le sport pratiqué. Avant la saison, vous travaillez les muscles qui seront sollicités dans ce sport. En saison, vous travaillez les muscles qui ne sont pas sollicités dans l'activité, et ceci dans le but de maintenir l'équilibre entre les groupes antagonistes.

Le sportif qui désire acquérir un développement musculaire avantageux dans sa discipline peut s'inspirer des exercices proposés dans ce chapitre et les exécuter selon les principes d'entraînement applicables à quiconque veut profiter au maximum de tels exercices. Ces principes énoncés précédemment proposent 2 séries de 10 répétitions ainsi qu'une augmentation de la résistance à chaque fois que le nombre maximal de répétitions réussies dans la deuxième série dépasse 12. Tout individu qui débute en musculation devrait d'abord se limiter à ce type de travail favorisant la force et l'endurance musculaires. Si toutefois vous êtes déjà familiarisé avec les exercices de musculation, vous pouvez vous orienter vers la force et la puissance en utilisant des charges plus lourdes qui vous permettront d'exécuter 5 ou 6 séries de 4 à 6 répétitions. Ces charges ne correspondent plus à 70% de votre capacité maximale, mais à 80% et 90%.

# Le système d'entraînement pyramidal

Vous pouvez expérimenter une méthode d'entraînement différente; les gains les plus considérables en force et en puissance musculaires sont obtenus avec le système pyramidal. Vous exécutez entre 4 et 6 séries avec des résistances différentes à chaque série. Vous trouvez la charge maximale que vous pouvez soulever au moyen de tel exercice et vous calculez ensuite les charges équivalentes aux différents pourcentages. Si, grâce au développé sur banc, vous pouvez soulever 50 kilos pour un maximum d'une répétition, vous pouvez déterminer les charges qui correspondent à 60%, 70% ou 80% de votre capacité maximale.

Dans ce système d'entraînement, les muscles sont réchauffés graduellement avec des charges de plus en plus lourdes. À la 6e série, le muscle est alors prêt à travailler contre une résistance très élevée. Vous constaterez cependant que l'utilisation de charges trop lourdes risque parfois de nuire à la bonne exécution du mouvement. Mieux vaut alors renoncer à ce système si certains exercices sont difficiles à exécuter correctement. Pour cette raison, les flexions de bras, les demi-accroupissements et les redressements de tronc doivent souvent être ignorés dans le système pyramidal. Dans ce système, vous augmentez les charges à chaque période de 4 ou 5 semaines; les charges n'augmentent donc pas en fonction du nombre maximal de répétitions réussies, comme dans le système appliqué aux programmes de base proposés aux chapitres précédents.

## Le système pyramidal appliqué à une charge maximale de 50 kilogrammes

|          | pourcentage de la charge maximale | charge utilisée | nombre de répétitions |
|----------|-----------------------------------|-----------------|-----------------------|
| 1er mois: | 60% | 30 kilos | 10 |
|          | 65% | 32,5 kilos | 8 |
|          | 70% | 35 kilos | 6 |
|          | 75% | 37,5 kilos | 4 |
|          | 80% | 40 kilos | 2 |
|          | 85% | 42,5 kilos | 1 |
| 2e mois: | 65% | 32,5 kilos | 10 |
|          | 70% | 35 kilos | 8 |
|          | 75% | 37,5 kilos | 6 |
|          | 80% | 40 kilos | 4 |
|          | 85% | 42,5 kilos | 2 |
|          | 90% | 45 kilos | 1 |
| 3e mois: | 70% | 35 kilos | 10 |
|          | 75% | 37,5 kilos | 8 |
|          | 80% | 40 kilos | 6 |
|          | 85% | 42,5 kilos | 4 |
|          | 90% | 45 kilos | 2 |
|          | 95% | 47,5 kilos | 1 |

# Le tennis, le racquetball et le squash

Les muscles des jambes doivent être suffisamment forts pour assurer l'équilibre nécessaire aux mouvements du corps et permettre des accélérations rapides, des arrêts brusques et des changements soudains de direction. Les muscles des bras doivent posséder un niveau d'endurance qui permette de frapper la balle le plus souvent possible. Les poignets doivent être suffisamment forts afin d'assurer une prise ferme. Les muscles du dos doivent être suffisamment forts et flexibles pour prévenir toute élongation musculaire due aux flexions et aux rotations répétées du tronc.

**Exercices suggérés**

C — 2    Demi-accroupissement
C — 3    Flexion des jambes sur banc en position couchée ventrale
D — 4    Élévation des talons, debout
A — 5    Élévations latérales sur banc
A — 7    Élévations latérales des bras sur banc
A — 8    Flexion des bras
A — 9    Développé des bras sur banc
E — 10   Extension des avant-bras
F — 11   Extensions dorsales sur banc

# Le badminton

En plus des qualités recherchées dans les autres sports de raquette, le badminton exige la flexibilité du poignet; les muscles de l'avant-bras doivent être travaillés en flexion et en extension jusqu'à pleine amplitude. Un niveau d'endurance suffisant des muscles de l'épaule permettra au bras qui tient la raquette haute de répéter ce geste le nombre de fois nécessaire sans ressentir de fatigue.

**Exercices suggérés**

C — 2    Demi-accroupissement
C — 3    Flexion des jambes sur banc en position couchée ventrale

D — 4   Élévation des talons sur banc
A — 7   Élévations latérales des bras sur banc
A — 9   Développé des bras sur banc
D — 10  Flexion des avant-bras
E — 10  Extension des avant-bras
D — 11  Extensions dorsales, bras allongés

# Le jogging

Au jogging, les muscles des jambes sont déjà bien sollicités, mais n'ont pas souvent l'occasion de travailler jusqu'à amplitude complète. Les exercices d'étirement pour le tendon d'Achille et les ischio-jambiers sont les plus indiqués. Les ischio-jambiers doivent, en outre, être renforcés pour rétablir l'équilibre avec leurs antagonistes, les quadriceps, davantage sollicités. Le joggeur a surtout besoin d'un programme de musculation qui s'occupe des muscles du tronc et de la région supérieure.

**Exercices suggérés**

C — 3   Flexion des jambes sur banc, en position couchée ventrale
D — 4   Élévation des talons, debout
H — 5   Traction sur la nuque
A — 6   Traction arrière des bras fléchis sur banc
A — 7   Élévations latérales des bras sur banc
A — 8   Flexion des bras
C — 9   Traction arrière des bras
E — 11  Élévation des jambes, en position couchée ventrale
A — 12  Ciseaux de jambes

# Le golf

Un élan bien réussi résulte de l'action synchronisée de plusieurs groupes musculaires. Autant la force que l'endurance doivent être développées bilatéralement. Tout déséquilibre provoqué par un côté plus faible risque d'affecter l'élan. Le joueur droitier doit renforcer son côté gauche, sinon il compensera par son élan. La force et la flexibilité des muscles favorise ainsi une bonne rotation du tronc.

**Exercices suggérés**

| | |
|---|---|
| H — 5 | Traction sur la nuque |
| A — 7 | Élévation latérale des bras |
| A — 8 | Flexion des bras |
| B — 9 | Extension des bras |
| D — 10 | Flexion des avant-bras |
| E — 10 | Extension des avant-bras |
| F — 11 | Extensions dorsales sur banc |
| B — 12 | Flexion et extension des jambes |

# La natation

Dans ce sport, les bras et les épaules requièrent un haut degré de force et d'endurance. Plusieurs nageurs doivent souvent se limiter à quelques longueurs de piscine, à cause d'une déficience à ces deux plans. Même si la plupart des individus ont les bras faibles, cette faiblesse constitue un handicap sérieux chez celui qui doit se propulser à l'aide des bras. En travaillant la force, tant sur le plan des jambes que sur le plan des bras, et la flexibilité des chevilles, le nageur peut obtenir un meilleur synchronisme entre le coup de pieds et le mouvement de bras. Les exercices de musculation permettent au nageur de prendre davantage conscience de la contraction et de la décontraction de ses muscles, améliorant ainsi son habileté à relaxer certains muscles pendant qu'il en contracte d'autres.

**Exercices suggérés**

| | |
|---|---|
| H — 2 | Développé des jambes |
| H — 3 | Flexion des jambes |
| H — 4 | Élévation des talons |
| H — 5 | Traction sur la nuque |
| C — 6 | Élévations latérales des bras fléchis sur banc |
| A — 7 | Développé des bras sur banc |
| A — 8 | Flexion des bras |
| H — 9 | Extension des bras vers le bas |
| A — 12 | Ciseaux de jambes |

# Le ski alpin

L'habileté à maintenir une position équilibrée, à changer de direction en effectuant un transfert de poids approprié et à résister efficacement contre les forces de gravité requiert un niveau de force suffisant dans les jambes. Un dos et des abdominaux renforcés rendront la position fléchie, les transferts de poids et les changements de direction plus faciles, tout en conservant l'équilibre nécessaire. Les déplacements occasionnels sur terrain plat requièrent, en outre, un minimum de force dans les bras et les épaules; en plus, ils exigent que les muscles arrière de la cuisse soient bien étirés. Enfin, la durée des contractions nécessitées en descente requiert un haut degré d'endurance musculaire, principalement dans les muscles des membres inférieurs.

**Exercices suggérés**

A — 2    Demi-accroupissement sur banc
C — 3    Flexion des jambes sur banc, en position couchée ventrale
C — 5    Mouvement de rame
C — 7    Élévation des coudes
A — 9    Développé des bras sur banc
F — 11    Extensions dorsales sur banc
D — 12    Redressements de tronc sur plan incliné

# Autres sports

Tout programme de musculation spécifique à un sport donné peut être élaboré en s'inspirant de la démarche présentée dans les sports déjà mentionnés. En analysant les mouvements inhérents à votre sport, vous pouvez identifier les muscles sollicités. Vous puisez ensuite dans l'éventail des exercices décrits au chapitre précédent pour construire votre programme personnel. Si vous avez accès à des appareils permettant des exercices encore plus spécifiques à votre activité, vous n'en bénéficierez que davantage.

# Annexe

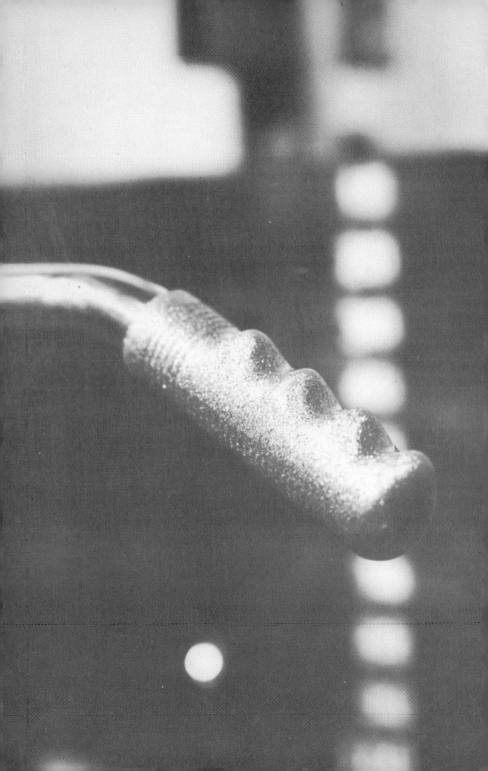

# Charges suggérées pour chaque exercice

La charge suggérée dans ce tableau ne devrait pas être considérée comme la charge de départ, mais plutôt comme une estimation devant vous aider à trouver plus rapidement votre vraie charge de départ. La résistance qui vous permettra de réussir un maximum de 10 répétitions constituera votre charge de départ. Vous devrez peut-être essayer 2 ou 3 résistances avant de trouver celle qui constituera votre charge de départ. En vous inspirant des charges suggérées dans ce tableau, choisissez une charge que vous pensez pouvoir soulever 10 fois successivement. Respectez la technique d'exécution ainsi que les aspects sécuritaires propres à l'exercice. Si vous pouvez soulever la charge 10 fois sans vous fatiguer, arrêtez et augmentez cette charge. Par contre, si la charge s'avère trop lourde pour que vous puissiez compléter 10 répétitions successives, diminuez la charge. Lorsque l'exercice s'adresse aux hanches ou aux jambes, le nombre de répétitions devient 15 plutôt que 10.

Vous constaterez qu'aucune charge n'est suggérée pour les abdominaux et la région dorso-lombaire; au cours des premières semaines, vous exécutez ces exercices sans charge additionnelle. La partie supérieure de votre tronc ou le poids de vos jambes représentent déjà une charge suffisante à soulever. Quand vous atteignez le point où vous pouvez réussir facilement 50 répétitions, vous utilisez des haltéro-sacs, des semelles de fonte ou des serre-chevilles de façon à diminuer votre nombre de répétitions à 20. Vous travaillez avec ces charges jusqu'à ce que vous réussissiez 30 répétitions; vous ajoutez alors une charge supplémentaire et diminuez à nouveau votre nombre de répétitions à 20.

# Charges suggérées, exprimées en pourcentage du poids corporel

| région musculaire sollicitée | numéro de l'exercice | nombre de répétitions | pourcentage du poids corporel * | |
|---|---|---|---|---|
| | | | hommes | femmes |
| Hanches | B — 1 | 15 | 25% | 15% |
| (grand et moyen | D — 1 | 15 | 2 x 25% | 2 x 15% ** |
| fessiers) | H — 1 | 15 | 45% | 35% |
| Avant de la cuisse | A — 2 | 15 | 60% | 50% |
| (quadriceps) | B — 2 | 15 | 2 x 35% | 2 x 20% |
| | C — 2 | 15 | 60% | 50% |
| | H — 2 | 15 | 80-250% | 70-200% *** |
| Arrière de la cuisse | C — 3 | 15 | 2 x 10% | 2 x 5% |
| (ischio-jambiers) | H — 3 | 15 | 40% | 25% |
| Mollets | D — 4 | 15 | 80% | 70% |
| (jumeaux) | E — 4 | 15 | 50% | 40% |
| Haut du dos | A — 5 | 10 | 2 x 10% | 2 x 5% |
| (trapèze, grand | B — 5 | 10 | 2 x 12% | 2 x 6% |
| dorsal, romboïdes) | C — 5 | 10 | 50% | 40% |
| | D — 5 | 10 | 40% | 30% |
| | H — 5 | 10 | 60% | 45% |
| Poitrine | A — 6 | 10 | 30% | 20% |
| (pectoraux) | B — 6 | 10 | 2 x 12% | 2 x 6% |
| | C — 6 | 10 | 2 x 12% | 2 x 6% |
| | D — 6 | 10 | 25% | 20% |
| Épaules | A — 7 | 10 | 2 x 7% | 2 x 5% |
| (deltoïdes) | C — 7 | 10 | 40% | 35% |
| Avant du bras | A — 8 | 10 | 35% | 25% |
| (biceps) | B — 8 | 10 | 2 x 25% | 2 x 15% |
| | C — 8 | 10 | 25% | 15% |

| région musculaire sollicitée | numéro de l'exercice | nombre de répétitions | pourcentage du poids corporel * | |
|---|---|---|---|---|
| | | | hommes | femmes |
| Arrière du bras | A — 9 | 10 | 60% | 40% |
| (triceps) | B — 9 | 10 | 40% | 30% |
| | C — 9 | 10 | 25% | 20% |
| | H — 9 | 10 | 40% | 30% |
| Poignets | D — 10 | 10 | 30% | 20% |
| (extenseurs et | E — 10 | 10 | 20% | 12% |
| fléchisseurs de l'avant-bras) | | | | |

\* Pour connaître la charge exacte, multipliez ce pourcentage par votre poids.

\*\* "2 x 15%" signifie 2 haltères dont le poids de chacun correspond à 15% de votre poids.

\*\*\* "80-250%"; la charge peut varier considérablement selon le type d'appareil utilisé.

# Pourcentages applicables
# au système pyramidal

Ce tableau s'adresse aux individus déjà initiés à la musculation et désirant utiliser le système pyramidal pour améliorer leur force ou leur puissance musculaire. Ce système d'entraînement suppose que vous êtes capable de trouver la charge maximale que vous pouvez soulever avec chaque exercice. Vous ne pouvez cependant utiliser une charge maximale que si les muscles sollicités dans le mouvement ont été préalablement réchauffés avec des charges moins lourdes. Assurez-vous aussi de la présence d'un aide prêt à intervenir lorsque vous tentez de soulever cette charge maximale. L'individu entreprenant un programme de musculation pour la première fois devrait s'abstenir de tenter de trouver sa charge maximale, car il y a risque de blessures.

# Pourcentages applicables au système pyramidal

Selon que vos résistances sont exprimées en livres ou en kilogrammes, vous choisissez entre les deux tableaux suivants:

| % | | 60% | 65% | 70% | 75% | 80% | 85% | 90% |
|---|---|---|---|---|---|---|---|---|
| charge | 10 kg | 6 | 6,5 | 7 | 7,5 | ·8 | 8,5 | 9 |
| maximale | 20 kg | 12 | 13 | 14 | 15 | 16 | 17 | 18 |
| | 30 kg | 18 | 19,5 | 21 | 22,5 | 24 | 25,5 | 27 |
| | 40 kg | 24 | 26 | 28 | 30 | 32 | 34 | 36 |
| | 50 kg | 30 | 32,5 | 35 | 37,5 | 40 | 42,5 | 45 |
| | 60 kg | 36 | 39 | 42 | 45 | 48 | 51 | 54 |
| | 70 kg | 42 | 45,5 | 49 | 52,5 | 56 | 59,5 | 63 |
| | 80 kg | 48 | 52 | 56 | 60 | 64 | 68 | 72 |
| | 90 kg | 54 | 58,5 | 63 | 67,5 | 72 | 76,5 | 81 |
| | 100 kg | 60 | 65 | 70 | 75 | 80 | 85 | 90 |
| | 150 kg | 90 | 97,5 | 105 | 112,5 | 120 | 127,5 | 135 |
| | 200 kg | 120 | 130 | 140 | 150 | 160 | 170 | 180 |

| % | | 60% | 65% | 70% | 75% | 80% | 85% | 90% |
|---|---|---|---|---|---|---|---|---|
| charge | 20 lb | 12 | 13 | 14 | 15 | 16 | 17 | 18 |
| maximale | 40 lb | 24 | 26 | 28 | 30 | 32 | 34 | 36 |
| | 60 lb | 36 | 39 | 42 | 45 | 48 | 51 | 54 |
| | 80 lb | 48 | 52 | 56 | 60 | 64 | 68 | 72 |
| | 100 lb | 60 | 65 | 70 | 75 | 80 | 85 | 90 |
| | 120 lb | 72 | 78 | 84 | 90 | 96 | 102 | 108 |
| | 140 lb | 84 | 91 | 98 | 105 | 112 | 119 | 126 |
| | 160 lb | 96 | 104 | 112 | 120 | 128 | 136 | 142 |
| | 180 lb | 108 | 117 | 126 | 135 | 144 | 153 | 162 |
| | 200 lb | 120 | 130 | 140 | 150 | 160 | 170 | 180 |
| | 250 lb | 150 | 163 | 175 | 187 | 200 | 212 | 224 |
| | 300 lb | 180 | 195 | 210 | 225 | 240 | 255 | 270 |
| | 350 lb | 210 | 227 | 245 | 262 | 280 | 297 | 315 |
| | 400 lb | 240 | 260 | 280 | 300 | 320 | 340 | 360 |

# Valeur en protéines et en calories de quelques aliments usuels

| aliment | unité de mesure | protéines en grammes | valeur énergétique en calories | rapport protéines/ calories |
|---|---|---|---|---|
| *Volaille:* | | | | |
| dinde rôtie | 3 tranches | 28 | 171 | 0,16 |
| poulet cuit | 4 tranches | 21 | 122 | 0,17 |
| *Poisson:* | | | | |
| sole, cuite à la vapeur | 1 filet | 13 | 58 | 0,22 |
| truite grillée | 90 g | 21 | 194 | 0,11 |
| flétan grillé | 90 g | 23 | 154 | 0,14 |
| homard | 1 | 27 | 419 | 0,06 |
| saumon frais | 90 g | 24 | 164 | 0,14 |
| saumon en conserve | 90 g | 20 | 183 | 0,11 |
| maquereau en conserve | 90 g | 17 | 165 | 0,10 |
| thon en conserve | 90 g | 26 | 177 | 0,15 |
| aiglefin congelé, cuit, | 1 filet | 16 | 75 | 0,21 |
| crabe | 90 g | 16 | 91 | 0,18 |
| *Viande:* | | | | |
| bifteck de surlonge maigre, grillé | 90 g | 22 | 318 | 0,07 |
| bifteck de ronde maigre, grillé | 90 g | 26 | 235 | 0,11 |
| boeuf haché maigre | 90 g | 26 | 193 | 0,13 |
| pain de viande en conserve | 60 g | 9 | 176 | 0,05 |
| saucisse fumée | 1 | 7 | 124 | 0,05 |
| rillettes (cretons) | 15 mL | 2 | 96 | 0,02 |
| tourtière (1/6) | 1 section | 15 | 451 | 0,03 |
| rôti de boeuf, maigre seulement | 2 tranches | 26 | 193 | 0,13 |
| côtelette de porc | 1 | 16 | 260 | 0,06 |
| côtes levées | 6 | 9 | 198 | 0,04 |
| jambon cuit, tranché | 1 tranche | 4 | 49 | 0,08 |
| jambon rôti | 2 tranches | 21 | 337 | 0,06 |

| aliment | unité de mesure | protéines en grammes | valeur énergétique en calories | rapport protéines/ calories |
|---|---|---|---|---|
| *Oeuf:* | | | | |
| oeuf frit | 1 | 5 | 83 | 0,06 |
| oeuf à la coque | 1 | 6 | 79 | 0,07 |
| | | | | |
| *Lait et produits laitiers:* | | | | |
| lait entier (3,3% m.g.) | 250 mL | 8 | 157 | 0,05 |
| lait écrémé | 250 mL | 9 | 90 | 0,10 |
| fromage cheddar | 45 g | 11 | 181 | 0,06 |
| fromage suisse | 45 g | 13 | 169 | 0,07 |
| fromage de caillé à la crème (Cottage) | 250 mL | 33 | 213 | 0,15 |
| pouding instantané | 125 mL | 5 | 208 | 0,02 |
| yogourt aux fruits | 125 mL | 6 | 128 | 0,05 |
| crème glacée, vanille | 125 mL | 3 | 141 | 0,02 |
| | | | | |
| *Légumineuses, noix, graines:* | | | | |
| fèves sèches de Lima, cuites | 250 mL | 14 | 200 | 0,07 |
| fèves rouges | 250 mL | 16 | 284 | 0,06 |
| arachides salées | 125 mL | 19 | 438 | 0,04 |
| beurre d'arachides | 15 mL | 4 | 95 | 0,04 |
| noix de Grenoble, moitiés | 125 mL | 8 | 345 | 0,02 |
| graines de tournesol sèches | 125 mL | 14 | 325 | 0,04 |
| | | | | |
| *Légumes:* | | | | |
| pois verts en conserve | 250 mL | 10 | 118 | 0,08 |
| brocoli cuit | 250 mL | 5 | 42 | 0,12 |
| choux de Bruxelles cuits | 250 mL | 7 | 58 | 0,12 |
| épinards cuits | 250 mL | 5 | 42 | 0,12 |
| pomme de terre au four | 1 | 3 | 91 | 0,03 |
| | | | | |
| *Pain et céréales:* | | | | |
| pain blanc enrichi | 1 tranche | 2 | 82 | 0,02 |
| pain de blé entier (100%) | 1 tranche | 3 | 73 | 0,04 |

| aliment | unité de mesure | protéines en grammes | valeur énergétique en calories | rapport protéines/ calories |
|---|---|---|---|---|
| pain à hamburger | 1 | 5 | 164 | 0,03 |
| muffin au son | 1 | 3 | 86 | 0,03 |
| flocons de maïs (Cornflakes) | 200 mL | 1 | 67 | 0,01 |
| gruau d'avoine cuit | 125 mL | 3 | 69 | 0,04 |
| flocons de son (All Bran) | 200 mL | 4 | 80 | 0,05 |
| riz blanc | 250 mL | 4 | 195 | 0,02 |
| nouilles aux oeufs, cuites | 250 mL | 7 | 211 | 0,03 |
| *Desserts:* | | | | |
| tarte aux pommes | 1 pointe | 3 | 410 | 0,01 |
| tarte au citron avec meringue | 1 pointe | 5 | 357 | 0,01 |
| pâtisserie danoise | 1 | 5 | 275 | 0,02 |
| *Combinaisons:* | | | | |
| spaghetti italien (sauce à la viande) | 250 mL | 14 | 416 | 0,03 |
| macaroni au fromage | 250 mL | 19 | 497 | 0,04 |
| pizza au fromage | 1 section | 9 | 177 | 0,05 |
| chop suey avec viande (incluant le poulet) | 250 mL | 17 | 189 | 0,09 |
| chow mein au poulet | 250 mL | 23 | 188 | 0,12 |
| lasagne congelée, cuite | 250 mL | 10 | 132 | 0,07 |
| pain de blé entier et beurre d'arachides | 1 tranche 15 mL | 7 | 168 | 0,04 |
| flocons de son et lait entier | 200 mL 250 mL | 12 | 237 | 0,05 |
| fèves de Lima et riz blanc | 125 mL 125 mL | 9 | 197 | 0,04 |
| fèves de Lima et pain de blé entier | 250 mL 1 tranche | 17 | 273 | 0,06 |
| pain de blé entier et fromage cheddar | 2 tranches 1 tranche | 17 | 327 | 0,05 |
| hamburger | 1 | 31 | 357 | 0,08 |

Source: "Valeur nutritive de quelques aliments usuels", ministère de la Santé nationale et du Bien-être social, Canada.

# Tables de poids

Les tables suivantes peuvent servir de référence lorsque votre poids varie. Un poids qui excéderait les chiffres indiqués ne signifie pas un excédent de gras dans le poids corporel. Votre masse musculaire influence considérablement votre poids. Pour savoir si vous devriez maigrir, calculez plutôt votre pourcentage de gras dans le poids corporel. Bien qu'il ne faille jamais chercher à engraisser, vous pouvez néanmoins chercher à prendre du poids en développant davantage votre musculature.

Les hommes mesurent leur taille avec des chaussures dont la hauteur des talons ne dépasse pas 2,25 cm. Chez les femmes, cette hauteur ne doit pas excéder 4,50 cm. Vous vous pesez en vêtements d'intérieur.

Vous mesurez la circonférence du poignet pour connaître votre ossature:

*circonférence du poignet*

| | | |
|---|---|---|
| mesure de l'ossature chez les hommes | petite: | 12,7 cm — 15,0 cm |
| | moyenne: | 15,1 cm — 17,0 cm |
| | grosse: | 17,1 cm — 19,3 cm |
| mesure de l'ossature chez les femmes | petite: | 11,7 cm — 14,0 cm |
| | moyenne: | 14,1 cm — 15,8 cm |
| | grosse: | 15,9 cm — 17,3 cm |

# Table de poids pour les hommes
## de 25 ans et plus

| taille | petite ossature (kg) | ossature moyenne (kg) | grosse ossature (kg) |
|---|---|---|---|
| 1,57 m | 51 — 54 | 54 — 59 | 57 — 64 |
| 1,60 m | 52 — 56 | 55 — 60 | 59 — 65 |
| 1,62 m | 54 — 57 | 56 — 62 | 60 — 67 |
| 1,65 m | 55 — 59 | 58 — 63 | 61 — 69 |
| 1,67 m | 56 — 60 | 59 — 65 | 63 — 71 |
| 1,70 m | 58 — 62 | 61 — 67 | 64 — 73 |
| 1,72 m | 60 — 64 | 63 — 69 | 67 — 75 |
| 1,75 m | 62 — 66 | 64 — 71 | 68 — 77 |
| 1,77 m | 63 — 68 | 66 — 73 | 70 — 79 |
| 1,80 m | 65 — 70 | 68 — 75 | 72 — 81 |
| 1,83 m | 67 — 72 | 70 — 77 | 74 — 83 |
| 1,85 m | 69 — 73 | 72 — 79 | 76 — 86 |
| 1,88 m | 71 — 76 | 73 — 82 | 78 — 88 |
| 1,91 m | 73 — 78 | 76 — 84 | 81 — 90 |
| 1,93 m | 74 — 79 | 78 — 86 | 83 — 93 |

Source: "Pèse-toi donc pour voir!", ministère des Affaires sociales, Québec.

# Table de poids pour les femmes de 25 ans et plus

| taille | petite ossature (kg) | ossature moyenne (kg) | grosse ossature (kg) |
|--------|--------|--------|--------|
| 1,47 m | 42 — 44 | 44 — 49 | 47 — 54 |
| 1,50 m | 43 — 46 | 44 — 50 | 48 — 55 |
| 1,52 m | 44 — 47 | 46 — 51 | 49 — 57 |
| 1,55 m | 45 — 49 | 47 — 53 | 51 — 58 |
| 1,57 m | 46 — 50 | 49 — 54 | 52 — 59 |
| 1,60 m | 48 — 51 | 50 — 55 | 54 — 61 |
| 1,62 m | 49 — 53 | 51 — 57 | 55 — 63 |
| 1,65 m | 50 — 54 | 53 — 59 | 57 — 64 |
| 1,67 m | 52 — 56 | 54 — 61 | 59 — 66 |
| 1,70 m | 54 — 58 | 56 — 63 | 60 — 68 |
| 1,72 m | 55 — 59 | 58 — 65 | 62 — 70 |
| 1,75 m | 57 — 61 | 60 — 67 | 64 — 72 |
| 1,77 m | 59 — 64 | 62 — 68 | 66 — 74 |
| 1,80 m | 61 — 65 | 63 — 70 | 68 — 76 |
| 1,83 m | 63 — 67 | 65 — 72 | 69 — 78 |

Source: "Pèse-toi donc pour voir!", ministère des Affaires sociales, Québec.

# Table de poids pour les hommes
## de 20 à 24 ans

| taille | petite ossature (kg) | ossature moyenne (kg) | grosse ossature (kg) |
|---|---|---|---|
| 1,57 m | 49 — 52 | 52 — 57 | 55 — 62 |
| 1,60 m | 50 — 54 | 53 — 58 | 57 — 63 |
| 1,62 m | 52 — 55 | 54 — 60 | 58 — 65 |
| 1,65 m | 53 — 57 | 55 — 61 | 58 — 66 |
| 1,67 m | 54 — 58 | 56 — 63 | 60 — 68 |
| 1,70 m | 56 — 60 | 59 — 65 | 62 — 71 |
| 1,72 m | 58 — 62 | 61 — 67 | 65 — 73 |
| 1,75 m | 60 — 64 | 62 — 69 | 66 — 75 |
| 1,77 m | 61 — 66 | 64 — 71 | 68 — 77 |
| 1,80 m | 63 — 68 | 66 — 73 | 70 — 79 |
| 1,83 m | 65 — 70 | 68 — 75 | 72 — 81 |
| 1,85 m | 67 — 71 | 70 — 77 | 74 — 84 |
| 1,88 m | 69 — 74 | 71 — 80 | 76 — 86 |
| 1,91 m | 71 — 76 | 74 — 82 | 79 — 88 |
| 1,93 m | 72 — 77 | 76 — 84 | 81 — 91 |

# Table de poids pour les femmes
## de 20 à 24 ans

| taille | petite ossature (kg) | ossature moyenne (kg) | grosse ossature (kg) |
|--------|------------------|--------------------|--------------------|
| 1,47 m | 40 — 42 | 42 — 47 | 45 — 52 |
| 1,50 m | 41 — 44 | 42 — 48 | 46 — 53 |
| 1,52 m | 42 — 45 | 44 — 49 | 47 — 55 |
| 1,55 m | 43 — 47 | 45 — 51 | 49 — 56 |
| 1,57 m | 44 — 48 | 47 — 52 | 50 — 57 |
| 1,60 m | 46 — 49 | 48 — 53 | 52 — 59 |
| 1,62 m | 47 — 51 | 49 — 55 | 53 — 61 |
| 1,65 m | 48 — 52 | 51 — 57 | 55 — 62 |
| 1,67 m | 50 — 54 | 52 — 59 | 57 — 64 |
| 1,70 m | 52 — 56 | 54 — 61 | 58 — 66 |
| 1,72 m | 53 — 57 | 56 — 63 | 60 — 68 |
| 1,75 m | 55 — 59 | 58 — 65 | 62 — 70 |
| 1,77 m | 57 — 62 | 60 — 66 | 64 — 72 |
| 1,80 m | 59 — 63 | 61 — 68 | 66 — 74 |
| 1,83 m | 61 — 65 | 63 — 70 | 67 — 76 |

## Table de poids pour les hommes
## de 16 à 19 ans

| taille | petite ossature (kg) | ossature moyenne (kg) | grosse ossature (kg) |
|---|---|---|---|
| 1,57 m | 47 — 50 | 50 — 55 | 53 — 60 |
| 1,60 m | 48 — 52 | 51 — 56 | 55 — 61 |
| 1,62 m | 50 — 53 | 52 — 58 | 56 — 63 |
| 1,65 m | 51 — 55 | 53 — 58 | 56 — 63 |
| 1,67 m | 52 — 56 | 54 — 59 | 57 — 65 |
| 1,70 m | 54 — 58 | 57 — 63 | 60 — 69 |
| 1,72 m | 56 — 60 | 59 — 65 | 63 — 71 |
| 1,75 m | 58 — 62 | 60 — 67 | 64 — 73 |
| 1,77 m | 59 — 64 | 62 — 69 | 66 — 75 |
| 1,80 m | 61 — 66 | 64 — 71 | 68 — 77 |
| 1,83 m | 63 — 68 | 66 — 73 | 70 — 79 |
| 1,85 m | 65 — 69 | 68 — 75 | 72 — 82 |
| 1,88 m | 67 — 72 | 69 — 78 | 74 — 84 |
| 1,91 m | 69 — 74 | 72 — 80 | 77 — 86 |
| 1,93 m | 70 — 75 | 74 — 82 | 79 — 89 |

# Table de poids pour les femmes
## de 16 à 19 ans

| taille | petite ossature (kg) | ossature moyenne (kg) | grosse ossature (kg) |
|---|---|---|---|
| 1,47 m | 38 — 40 | 40 — 45 | 43 — 50 |
| 1,50 m | 39 — 42 | 40 — 46 | 44 — 51 |
| 1,52 m | 40 — 43 | 42 — 47 | 45 — 53 |
| 1,55 m | 41 — 45 | 43 — 49 | 47 — 54 |
| 1,57 m | 42 — 46 | 45 — 50 | 48 — 55 |
| 1,60 m | 44 — 47 | 46 — 51 | 50 — 57 |
| 1,62 m | 45 — 49 | 47 — 53 | 51 — 59 |
| 1,65 m | 46 — 50 | 49 — 55 | 53 — 60 |
| 1,67 m | 48 — 52 | 50 — 57 | 55 — 62 |
| 1,70 m | 50 — 54 | 52 — 59 | 56 — 64 |
| 1,72 m | 51 — 55 | 54 — 61 | 58 — 66 |
| 1,75 m | 53 — 57 | 56 — 63 | 60 — 68 |
| 1,77 m | 55 — 60 | 58 — 64 | 62 — 70 |
| 1,80 m | 57 — 61 | 59 — 66 | 64 — 72 |
| 1,83 m | 59 — 63 | 61 — 68 | 65 — 74 |

# Fiche d'entraînement

| Numéro de l'exercice | Date | | | | | | |
|---|---|---|---|---|---|---|---|
| | charges | | | | | | |
| | répétitions | | | | | | |
| | charges | | | | | | |
| | répétitions | | | | | | |
| | charges | | | | | | |
| | répétitions | | | | | | |
| | charges | | | | | | |
| | répétitions | | | | | | |
| | charges | | | | | | |
| | répétitions | | | | | | |
| | charges | | | | | | |
| | répétitions | | | | | | |
| | charges | | | | | | |
| | répétitions | | | | | | |
| | charges | | | | | | |
| | répétitions | | | | | | |
| | charges | | | | | | |
| | répétitions | | | | | | |
| | charges | | | | | | |
| | répétitions | | | | | | |
| | charges | | | | | | |
| | répétitions | | | | | | |
| | charges | | | | | | |
| | répétitions | | | | | | |

## Fiche d'entraînement

| Numéro de l'exercice | Date | | | | | |
|---|---|---|---|---|---|---|
| | charges | | | | | |
| | répétitions | | | | | |
| | charges | | | | | |
| | répétitions | | | | | |
| | charges | | | | | |
| | répétitions | | | | | |
| | charges | | | | | |
| | répétitions | | | | | |
| | charges | | | | | |
| | répétitions | | | | | |
| | charges | | | | | |
| | répétitions | | | | | |
| | charges | | | | | |
| | répétitions | | | | | |
| | charges | | | | | |
| | répétitions | | | | | |
| | charges | | | | | |
| | répétitions | | | | | |
| | charges | | | | | |
| | répétitions | | | | | |
| | charges | | | | | |
| | répétitions | | | | | |
| | charges | | | | | |
| | répétitions | | | | | |

## Fiche d'entraînement

| Numéro de l'exercice | Date | | | | | |
|---|---|---|---|---|---|---|
| | charges | | | | | |
| | répétitions | | | | | |
| | charges | | | | | |
| | répétitions | | | | | |
| | charges | | | | | |
| | répétitions | | | | | |
| | charges | | | | | |
| | répétitions | | | | | |
| | charges | | | | | |
| | répétitions | | | | | |
| | charges | | | | | |
| | répétitions | | | | | |
| | charges | | | | | |
| | répétitions | | | | | |
| | charges | | | | | |
| | répétitions | | | | | |
| | charges | | | | | |
| | répétitions | | | | | |
| | charges | | | | | |
| | répétitions | | | | | |
| | charges | | | | | |
| | répétitions | | | | | |
| | charges | | | | | |
| | répétitions | | | | | |

# Fiche d'entraînement

| Numéro de l'exercice | Date | | | | | |
|---|---|---|---|---|---|---|
| | charges | | | | | |
| | répétitions | | | | | |
| | charges | | | | | |
| | répétitions | | | | | |
| | charges | | | | | |
| | répétitions | | | | | |
| | charges | | | | | |
| | répétitions | | | | | |
| | charges | | | | | |
| | répétitions | | | | | |
| | charges | | | | | |
| | répétitions | | | | | |
| | charges | | | | | |
| | répétitions | | | | | |
| | charges | | | | | |
| | répétitions | | | | | |
| | charges | | | | | |
| | répétitions | | | | | |
| | charges | | | | | |
| | répétitions | | | | | |
| | charges | | | | | |
| | répétitions | | | | | |
| | charges | | | | | |
| | répétitions | | | | | |

# Fiche d'entraînement

| Numéro de l'exercice | Date | | | | | |
|---|---|---|---|---|---|---|
| | charges | | | | | |
| | répétitions | | | | | |
| | charges | | | | | |
| | répétitions | | | | | |
| | charges | | | | | |
| | répétitions | | | | | |
| | charges | | | | | |
| | répétitions | | | | | |
| | charges | | | | | |
| | répétitions | | | | | |
| | charges | | | | | |
| | répétitions | | | | | |
| | charges | | | | | |
| | répétitions | | | | | |
| | charges | | | | | |
| | répétitions | | | | | |
| | charges | | | | | |
| | répétitions | | | | | |
| | charges | | | | | |
| | répétitions | | | | | |
| | charges | | | | | |
| | répétitions | | | | | |
| | charges | | | | | |
| | répétitions | | | | | |

# Bibliographie

Allsen Philip, Harrison Joyce, et Vance Barbara, *Fitness for Life; An Individualized Approach*, WM. C. Brown Publ., Dubuque, 1976

Bouchard Claude, Landry Fernand, Brunelle Jean et Godbout Paul, *La condition physique et le bien-être*, Éditions du Pélican, Québec, 1974

Chevalier Richard, Laferrière Serge, et Bergeron Yves, *Le conditionnement physique*, Les Éditions de l'Homme, Montréal, 1979

Darden Ellington, *Especially for Women*, Leisure Press, West Point, 1977

Edington D.W., et Edgerton V.R., *The Biology of Physical Activity*, Houghton Mifflin Co., Boston, 1976

Getchell Bud, *Physical Fitness: A Way of Life*, John Wiley & Sons, New York, 1979

Golding Lawrence, et Bos Ronald, *Scientific Foundations of Physical Fitness Programs*, Burgess Publ., Minneapolis, 1971

Hatfield Frederick, et Krotee March, *Personalized Weight Training For Fitness and Athletics*, Kendall/Hunt Publ., Dubuque, 1978

Kirkley George, et Goodbody John, *The Manual of Weight Training*, Ed. Stanley Paul, London, 1978

Laiken Deidre, *Beautiful Body Building*, New American Library, New York, 1979

Massey Benjamin, Freeman Harold, Manson Frank, et Wessel Janet, *Weight Lifting*, WM. C. Brown Publ., Dubuque, 1971

Mazzei George, *Shaping Up*, Ballantine Books, New York, 1981

Rasch Philip, *Weight Training*, WM. C. Brown Publ., Dubuque, 1966

Riley Daniel, *Strength Training*, Leisure Press, West Point, 1977

Riley Daniel, et Peterson James, *Strenght Training for Women*, Leisure Press, West Point, 1979

Taylor Bernard, et Easton Bill, *Physical Fitness Through Weight Training*, Kendall/Hunt Publ., Dubuque, 1975

Van Huss Wayne, Niemeyer Roy, Olson Herbert, et Friedrich John, *Pysical Activity in Modern Living*, Prentice-Hall, Englewood Cliffs, 1969

Wessel Janet et MacIntyre Christine, *Body Contouring and Conditioning Through Mouvement*, Allyn and Bacon, Boston, 1970

Wetzel Martha, *Progressive Weight Training for Girls and Women*, Kendall/Hunt Publ., Dubuque, 1977

# Table des matières

# Ouvrages parus chez les éditeurs du groupe Sogides

\* Pour l'Amérique du Nord seulement
\*\* Pour l'Europe seulement
Sans \* pour l'Europe et l'Amérique du Nord

## ANIMAUX

Art du dressage, L', Chartier Gilles
Bien nourrir son chat, D'Orangeville Christianz
Cheval, Le, Leblanc Michel
Chien dans votre vie, Le, Swan Marguerite
Éducation du chien de 0 à 6 mois, L', DeBuyser Dr Colette et Dr Dehasse Joël
Encyclopédie des oiseaux, Godfrey W. Earl
Guide de l'oiseau de compagnie, Le, Dr R. Dean Axelson
Mammifère de mon pays,, Duchesnay St-Denis J. et Dumais Rolland
Mon chat, le soigner, le guérir, D'Orangeville Christian
Observations sur les mammifères, Provencher Paul
Papillons du Québec, Les, Veilleux Christian et PrévostBernard
Petite ferme, T.1,
Les animaux, Trait Jean-Claude

Vous et vos petits rongeurs, Eylat Martin
Vous et vos poissons d'aquarium, Ganiel Sonia
Vous et votre berger allemand, Eylat Martin
Vous et votre boxer, Herriot Sylvain
Vous et votre caniche, Shira Sav
Vous et votre chat de gouttière, Gadi Sol
Vous et votre chow-chow, Pierre Boistel
Vous et votre collie, Ethier Léon
Vous et votre doberman, Denis Paula
Vous et votre fox-terrier, Eylat Martin
Vous et votre husky, Eylat Marti
Vous et vos oiseaux de compagnie, Huard-Viau Jacqueline
Vous et votre schnauzer, Eylat Martin
Vous et votre setter anglais, Eylat Martin
Vous et votre siamois, Eylat Odette
Vous et votre teckel, Boistel Pierre
Vous et votre yorkshire, Larochelle Sandra

## ARTISANAT/ARTS MÉNAGER

Appareils électro-ménagers, Prentice-Hall du Canada
Art du pliage du papier, Harbin Robert
Artisanat québécois, T.1, Simard Cyril

Artisanat québécois, T.2, Simard Cyril
Artisanat québécois, T.3, Simard Cyril
Artisanat québécois, T.4, Simard Cyril, Bouchard Jean-Louis

1

Bon Fignolage, Le, Arvisais Dolorès A.
Coffret artisanat, Simard Cyril
* Construire des cabanes d'oiseaux, Dion André
Construire sa maison en bois rustique, Mann D. et Skinulis R.
Crochet Jacquard, Le, Thérien Brigitte
Cuir, Le, Saint-Hilaire Louis et Vogt Walter
Dentelle, T.1, La, De Seve Andrée-Anne
Dentelle, T.2, La, De Seve Andrée-Anne
Dessiner et aménager son terrain, Prentice-Hall du Canada
Encyclopédie de la maison québécoise, Lessard Michel
Encyclopédie des antiquités, Lessard Michel
Entretien et réparation de la maison, Prentice-Hall du Canada

Guide du chauffage au bois, Flager Gordon
J'apprends à dessiner, Nassh Joanna
Je décore avec des fleurs, Bassili Mimi
J'isole mieux, Eakes Jon
Mécanique de mon auto, La, Time-Life
Outils manuels, Les, Prentice Hall du Canada
Petits appareils électriques, Prentice-Hall du Canada
Piscines, Barbecues et patio
Taxidermie, La, Labrie Jean
Terre cuite, Fortier Robert
Tissage, Le, Grisé-Allard Jeanne et Galarneau Germaine
Tout sur le macramé, Harvey Virginia L.
Trucs ménagers, Godin Lucille
Vitrail, Le, Bettinger Claude

# ART CULINAIRE

À table avec soeur Angèle, Soeur Angèle
Art d'apprêter les restes, L', Lapointe Suzanne
Art de la cuisine chinoise, L', Chan Stella
Art de la table, L', Du Coffre Marguerite
Barbecue, Le, Dard Patrice
Bien manger à bon compte, Gauvin Jocelyne
Boîte à lunch, La, Lambert Lagacé Louise
Brunches & petits déjeuners en fête, Bergeron Yolande
100 recettes de pain faciles à réaliser, Saint-Pierre Angéline
Cheddar, Le, Clubb Angela
Cocktails & punchs au vin, Poister John
Cocktails de Jacques Normand, Normand Jacques
Coffret la cuisine
Confitures, Les, Godard Misette
Congélation de A à Z, La, Hood Joan
Congélation des aliments, Lapointe Suzanne
Conserves, Les, Sansregret Berthe
Cornichons, Ketchups et Marinades, Chesman Andrea
Cuisine au wok, Solomon Charmaine
Cuisine aux micro-ondes 1 et 2 portions, Marchand Marie-Paul
Cuisine chinoise, La, Gervais Lizette
* Cuisine chinoise traditionnelle, La, Chen Jean
* Cuisine créative Campbell, La, Cie Campbell
Cuisine de Pol Martin, Martin Pol
* Cuisine du monde entier avec Weight Watchers, Weight Watchers
Cuisine facile aux micro-ondes, Saint-Amour Pauline
Cuisine joyeuse de soeur Angèle, La, Soeur Angèle
Cuisine micro-ondes, La, Benoît Jehane
Cuisine santé pour les aînés, Hunter Denyse

Cuisiner avec le four à convection, Benoît Jehane
Cuisinez selon le régime Scarsdale, Corlin Judith
Cuisinier chasseur, Le, Hugueney Gérard
Entrées chaudes et froides, Dard Patrice
Faire son pain soi-même, Murray Gill Janice
Faire son vin soi-même, Beaucage André
Fine cuisine aux micro-ondes, La, Dard Patrice
Fondues & flambées de maman Lapointe, Lapointe Suzanne
Fondues, Les, Dard Partice
Menus pour recevoir, Letellier Julien
Muffins, Les, Clubb Angela
Nouvelle cuisine micro-ondes, La, Marchand Marie-Paul et Grenier Nicole
Nouvelle cuisine micro-ondes II, La, Marchand Marie-Paul et Grenier Nicole
Pâtés à toutes les sauces, Les, Lapointe Lucette
Patés et galantines, Dard Patrice
Pâtisserie, La, Bellot Maurice-Marie
Poissons et fruits de mer, Dard Patrice
Poissons et fruits de mer, Sansregret Berthe
Recettes au blender, Huot Juliette
Recettes canadiennes de Laura Secord, Canadian Home Economics Association
Recettes de gibier, Lapointe Suzanne
Recettes de maman Lapointe, Les, Lapointe Suzanne
Recettes Molson, Beaulieu Marcel
Robot culinaire, le, Martin Pol
Salades des 4 saisons et leurs vinaigrettes, Dard Patrice
Salades, sandwichs, hors d'oeuvre, Martin Pol
Soupes, potages et veloutés, Dard Patrice

2

# BIOGRAPHIES POPULAIRES

Daniel Johnson, T.1, Godin Pierre
Daniel Johnson, T.2, Godin Pierre
Daniel Johnson - Coffret, Godin Pierre
Dans la fosse aux lions, Chrétien Jean
Dans la tempête, Lachance Micheline
Duplessis, T.1 - L'ascension, Black Conrad
Duplessis, T.2 - Le pouvoir, Black Conrad
Duplessis - Coffret, Black Conrad
Dynastie des Bronfman, La, Newman Peter C.

Establishment canadien, L', Newman Peter C.
* Maître de l'orchestre, Le, Nicholson Georges
Maurice Richard, Pellerin Jean
Mulroney, Macdonald L.I.
Nouveaux Riches, Les, Newman Peter C.
Prince de l'Église, Le, Lachance Micheline
Saga des Molson, La, Woods Shirley
* Une femme au sommet - Son excellence Jeanne Sauvé, Woods Shirley E.

# DIÉTÉTIQUE

Combler ses besoins en calcium, Hunter Denyse
Contrôlez votre poids, Ostiguy Dr Jean-Paul
Cuisine sage, Lambert-Lagacé Louise
Diète rotation, La, Katahn Dr Martin
Diététique dans la vie quotidienne, Lambert-Lagacé Louise
Livre des vitamines, Le, Mervyn Leonard
Maigrir en santé, Hunter Denyse
Menu de santé, Lambert-Lagacé Louise
Oubliez vos allergies, et... bon appétit, Association de l'information sur les allergies

Petite & grande cuisine végétarienne, Bédard Manon
* Plan d'attaque Weight Watchers, Le, Nidetch Jean
Plan d'attaque plus Weight Watchers, Le, Nidetch Jean
Recettes pour aider à maigrir, Ostiguy Dr Jean-Paul
* Régimes pour maigrir, Beaudoin Marie-Josée
Sage bouffe de 2 à 6 ans, La, Lambert-Lagacé Louise
Weight Watchers - cuisine rapide et savoureuse, Weight Watchers
Weight Watchers-Agenda 85 -Français, Weight Watchers
Weight Watchers-Agenda 85 -Anglais, Weight Watchers

# DIVERS

Acheter ou vendre sa maison, Brisebois Lucille
Acheter et vendre sa maison ou son condominium, Brisebois Lucille
Acheter une franchise, Levasseur Pierre
Bourse, La, Brown Mark
Chaînes stéréophoniques, Les, Poirier Gilles
Choix de carrières, T.1, Milot Guy
Choix de carrières, T.2, Milot Guy
Choix de carrières, T.3, Milot Guy
Comment rédiger son curriculum vitae, Brazeau Julie
Comprendre le marketing, Levasseur Pierre
Conseils aux inventeurs, Robic Raymond
Devenir exportateur, Levasseur Pierre
Dictionnaire économique et financier, Lafond Eugène
Faire son testament soi-même, Me Poirier Gérald, Lescault Nadeau Martine (notaire)
Faites fructifier votre argent, Zimmer Henri B.
Finances, Les, Hutzler Laurie H.
Gérer ses ressources humaines, Levasseur Pierre
Gestionnaire, Le, Colwell Marian
Guide de la haute-fidélité, Le, Prin Michel
Je cherche un emploi, Brazeau Julie
Lancer son entreprise, Levasseur Pierre
Leadership, Le, Cribbin James J.

Livre de l'étiquette, Le, Du Coffre Marguerite
* Loi et vos droits, La, Marchand Me Paul-Émile
Meeting, Le, Holland Gary
Mémo, Le, Reimold Cheryl
Notre mariage (étiquette et planification), Du Coffre, Marguerite
Patron, Le, Reimold Cheryl
Relations publiques, Les, Doin Richard, Lamarre Daniel
* Règles d'or de la vente, Les, Kahn George N.
* Roulez sans vous faire rouler, T.3, Edmonston Philippe
Savoir vivre aujourd'hui, Fortin Jacques Marcelle
Séjour dans les auberges du Québec, Cazelais Normand et Coulon Jacques
Stratégies de placements, Nadeau Nicole
Temps des fêtes au Québec, Le, Montpetit Raymond
Tenir maison, Gaudet-Smet Françoise
* Tout ce que vous devez savoir sur le condominium, Dubois Robert
Univers de l'astronomie, L', Tocquet Robert
Vente, La, Hopkins Tom
* Votre argent, Dubois Robert
Votre système vidéo, Boisvert Michel et Lafrance André A.
* Week-end à New York, Tavernier-Cartier Lise

3

# ENFANCE

# ÉSOTÉRISME

# HISTOIRE

# INFORMATIQUE

# PHOTOGRAPHIE (ÉQUIPEMENT ET TECHNIQUE)

Apprenez la photographie avec Antoine Desilets, Desilets Antoine
Chasse photographique, Coiteux Louis
8/Super 8/16, Lafrance André
Initiation à la Photographie, London Barbara
Initiation à la Photographie-Canon, London Barbara
Initiation à la Photographie-Minolta, London Barbara
Initiation à la Photographie-Nikon, London Barbara

Initiation à la Photographie-Olympus, London Barbara
Initiation à la Photographie-Pentax, London Barbara
* Je développe mes photos, Desilets Antoine
* Je prends des photos, Desilets Antoine
* Photo à la portée de tous, Desilets Antoine
Photo guide, Desilets Antoine

# PSYCHOLOGIE

Âge démasqué, L', De Ravinel Hubert
Aider mon patron à m'aider, Houde Eugène
Amour de l'exigence à la préférence, Auger Lucien
Au-delà de l'intelligence humaine, Pouliot Élise
Auto-développement, L', Garneau Jean
Bonheur au travail, Le, Houde Eugène
Bonheur possible, Le, Blondin Robert
Chimie de l'amour, La, Liebowitz Michael
Coeur à l'ouvrage, Le, Lefebvre Gérald
Coffret psychologie moderne Colère, La, Tavris Carol
Comment animer un groupe, Office Catéchèsse
Comment avoir des enfants heureux, Azerrad Jacob
Comment déborder d'énergie, Simard Jean-Paul
Comment vaincre la gêne, Catta Rene-Salvator
Communication dans le couple, La, Granger Luc
Communication et épanouissement personnel, Auger Lucien
Comprendre la névrose et aider les névrosés, Ellis Albert
Contact, Zunin Nathalie
Courage de vivre, Le, Kiev Docteur A.
Courage et discipline au travail, Houde Eugène
Dynamique des groupes, Aubry J.-M. et Saint-Arnaud Y.
Élever des enfants sans perdre la boule, Auger Lucien
Émotivité et efficacité au travail, Houde Eugène
Enfant paraît... et le couple demeure, L', Dorman Marsha et Klein Diane
Enfants de l'autre, Les, Paris Erna
Être soi-même, Corkille Briggs D.
Facteur chance, Le, Gunther Max
Fantasmes créateurs, Les, Singer Jérôme
Infidélité, L', Leigh Wendy
Intuition, L', Goldberg Philip
J'aime, Saint-Arnaud Yves
Journal intime intensif, Progoff Ira
Miracle de l'amour, Un, Kaufman Barry Neil

* Mise en forme psychologique, Corrière Richard
* Parle-moi... J'ai des choses à te dire, Salome Jacques
Penser heureux, Auger Lucien
* Personne humaine, La, Saint-Arnaud Yves
* Plaisirs du stress, Les, Hanson Dr Peter G.
* Première impression, La, Kleinke Chris, L.
* Prévenir et surmonter la déprime, Auger Lucien
* Prévoir les belles années de la retraite, D. Gordon Michael
* Psychologie dans la vie quotidienne, Blank Dr Léonard
* Psychologie de l'amour romantique, Braden Docteur N.
* Qui es-tu grand-mère? Et toi grand-père? Eylat Odette
* S'affirmer et communiquer, Beaudry Madeleine
* S'aider soi-même, Auger Lucien
* S'aider soi-même d'avantage, Auger Lucien
* S'aimer pour la vie, Wanderer Dr Zev
* Savoir organiser, savoir décider, Lefebvre Gérald
* Savoir relaxer et combattre le stress, Jacobson Dr Edmund
* Se changer, Mahoney Michael
* Se comprendre soi-même par des tests, Collectif
* Se concentrer pour être heureux, Auger Lucien
Se connaître soi-même, Artaud Gérard
* Se contrôler par le biofeedback, Ligonde Paultre
* Se créer par la Gestalt, Zinker Joseph
* S'entraider, Limoges Jacques
* Se guérir de la sottise, Auger Lucien
Séparation du couple, La, Weiss Robert S.
Sexualité au bureau, La, Horn Patrice
Syndrome prémenstruel, Le, Shreeve Dr Caroline
* Vaincre ses peurs, Auger Lucien
Vivre à deux: plaisir ou cauchemar, Duval Jean-Marie
* Vivre avec sa tête ou avec son coeur, Auger Lucien
Vivre c'est vendre, Chaput Jean-Marc
* Vivre jeune, Waldo Myra
* Vouloir c'est pouvoir, Hull Raymond

5

# JARDINAGE

Culture des fleurs, des fruits, Prentice-Hall du Canada
Encyclopédie du jardinier, Perron W.H.
Guide complet du jardinage, Wilson Charles
J'aime les violettes africaines, Davidson Robert

Petite ferme, T. 2 - Jardin potager, Trait Jean-Claude
Plantes d'intérieur, Les, Pouliot Paul
Techniques du jardinage, Les, Pouliot Paul
* Terrariums, Les, Kayatta Ken

# JEUX/DIVERTISSEMENTS

Améliorons notre bridge, Durand Charles
* Bridge, Le, Beaulieu Viviane
Clés du scrabble, Les, Sigal Pierre A.
Collectionner les timbres, Taschereau Yves
* Dictionnaire des mots croisés, noms communs, Lasnier
Paul
* Dictionnaire des mots croisés, noms propres, Piquette
Robert

* Dictionnaire raisonné des mots croisés, Charron
Jacqueline
Finales aux échecs, Les, Santoy Claude
Jeux de société, Stanké Louis
* Jouons ensemble, Provost Pierre
Livre des patiences, Le, Bezanovska M. et Kitchevats P.
* Ouverture aux échecs, Coudari Camille
Scrabble, Le, Gallez Daniel
Techniques du billard, Morin Pierre

# LINGUISTIQUE

* Anglais par la méthode choc, L', Morgan Jean-Louis
* J'apprends l'anglais, Silicani Gino

Petit dictionnaire du joual, Turenne Auguste
Secrétaire bilingue, La, Lebel Wilfrid

# LIVRES PRATIQUES

Bonnes idées de maman Lapointe, Les, Lapointe Lucette *
Chasse-taches, Le, Cassimatis Jack
* Maîtriser son doigté sur un clavier, Lemire Jean-Paul

Se protéger contre le vol, Kabundi Marcel et Normandeau
André
Temps c'est de l'argent, Le, Davenport Rita

# MUSIQUE ET CINÉMA

* Guitare, La, Collins Peter
Piano sans professeur, Le, Evans Roger

Wolfgang Amadeus Mozart raconté en 50 chefs-d'oeuvre,
Roussel Paul

# NOTRE TRADITION

Coffret notre tradition Écoles de rang au Québec, Les,
Dorion Jacques
Encyclopédie du Québec, T.1, Landry Louis
Encyclopédie du Québec, T.2, Landry Louis
Histoire de la chanson québécoise, L'Herbier Benoît
Maison traditionnelle, La, Lessard Micheline

Moulins à eau de la vallée du Saint-Laurent, Adam
Villeneuve
Objets familiers de nos ancêtres, Genet Nicole
* Soulpture anoienne au Québec, La, Porter John R. et Bélisle
Jean
Vive la compagnie, Daigneault Pierre

6

# ROMANS/ESSAIS

Adieu Québec, Bruneau André
Baie d'Hudson, La, Newman Peter C.
Bien-pensants, Les, Berton Pierre
Bousille et les justes, Gélinas Gratien
Coffret Joey
C.P., Susan Goldenberg
Commettants de Caridad, Les, Thériault Yves
Deux Innocents en Chine Rouge, Hébert Jacques
Dome, Jim Lyon
Frères divorcés, Les, Godin Pierre
IBM, Sobel Robert
Insolences du Frère Untel, Les, Untel Frère
ITT, Sobel Robert
J'parle tout seul, Coderre Emile

Lamia, Thyraud de Vosjoli P.L.
Mensonge amoureux, Le, Blondin Robert
Nadia, Aubin Benoît
Oui, Lévesque René
Premiers sur la lune, Armstrong Neil
* Sur les ailes du temps (Air
Canada), Smith Philip
Telle est ma position, Mulroney Brian
Terrosisme québécois, Le, Morf Gustave
* Trois semaines dans le hall du Sénat, Hébert Jacques
Un doux équilibre, King Annabelle
* Un second souffle, Hébert Diane
Vrai visage de Duplessis, Le, Laporte Pierre

# SANTÉ ET ESTHÉTIQUE

Allergies, Les, Delorme Dr Pierre
Art de se maquiller, L', Moizé Alain
Bien vivre sa ménopause, Gendron Dr Lionel
Cellulite, La, Ostiguy Dr Jean-Paul
Cellulite, La, Léonard Dr Gérard J.
Être belle pour la vie, Meredith Bronwen
Exercices pour les aînés, Godfrey Dr Charles, Feldman
    Michael
Face lifting par l'exercice, Le, Runge Senta Maria
Grandir en 100 exercises, Berthelet Pierre
Hystérectomie, L', Alix Suzanne
Médecine esthétique, La, Lanctot Guylaine
Obésité et cellulite, enfin la solution, Léonard
    Dr Gérard J.
Perdre son ventre en 30 jours H-F, Burstein Nancy et
    Matthews Roy
Santé, un capital à préserver, Peeters E.G.

Travailler devant un écran, Feeley Dr Helen
Coffret 30 jours
30 jours pour avoir de beaux
cheveux, Davis Julie
30 jours pour avoir de beaux
ongles, Bozic Patricia
30 jours pour avoir de beaux seins, Larkin Régina
30 jours pour avoir un beau teint, Zizmor Dr Jonathan
30 jours pour cesser de fumer, Holland Gary et Weiss Herman
30 jours pour mieux organiser, Holland Gary
30 jours pour perdre son ventre (homme), Matthews Roy,
    Burnstein Nancy
30 jours pour redevenir un
couple amoureux, Nida Patricia K. et Cooney Kevin
30 jours pour un plus grand épanouissement sexuel,
    Schneider Alan et Laiken Deidre
* Vos yeux, Chartrand Marie et Lepage-Durand Micheline

# SEXOLOGIE

Adolescente veut savoir, L', Gendron Lionel
Fais voir, Fleischhaner H.
Guide illustré du plaisir sexuel, Corey Dr Robert E.
Helg, Bender Erich F.
Ma sexualité de 0 à 6 ans, Robert Jocelyne
Ma sexualité de 6 à 9 ans, Robert Jocelyne
Ma sexualité de 9 à 12 ans, Robert Jocelyne

Plaisir partagé, Le, Gary-Bishop Hélène
* Première expérience sexuelle, La, Gendron Lionel
* Sexe au féminin, Le, Kerr Carmen
* Sexualité du jeune adolescent, Gendron Lionel
* Sexualité dynamique, La, Lefort Dr Paul
* Shiatsu et sensualité, Rioux Yuki

# SPORTS

100 trucs de billard, Morin Pierre
Le programme pour être en forme
Apprenez à patiner, Marcotte Gaston
Arc et la chasse, L', Guardon Greg
* Armes de chasse, Les, Petit Martinon Charles
* Badminton, Le, Corbeil Jean
* Canadiens de 1910 à nos jours, Les, Turowetz Allan et Goyens Chrystian
* Carte et boussole, Kjellstrom Bjorn
* Chasse au petit gibier, La, Paquet Yvon-Louis
Chasse et gibier du Québec, Bergeron Raymond
Chasseurs sachez chasser, Lapierre Lucie
* Comment se sortir du trou au golf, Brien Luc
* Comment vivre dans la nature, Rivière Bill
* Corrigez vos défauts au golf, Bergeron Yves
Curling, Le, Lukowich E.
Devenir gardien de but au hockey, Allair François
Encyclopédie de la chasse au Québec, Leiffet Bernard
Entraînement, poids-haltères, L', Ryan Frank
Exercices à deux, Gregor Carol
Golf au féminin, Le, Bergeron Yves
Grand livre des sports, Le, Le groupe Diagram
Guide complet du judo, Arpin Louis
* Guide complet du self-defense, Arpin Louis
Guide d'achat de l'équipement de tennis, Chevalier Richard et Gilbert Yvon
Guide de l'alpinisme, Le, Cappon Massimo
Guide de survie de l'armée américaine
Guide des jeux scouts, Association des scouts
Guide du judo au sol, Arpin Louis
Guide du self-defense, Arpin Louis
Guide du trappeur, Le, Provencher Paul
Hatha yoga, Piuze Suzanne
* J'apprends à nager, Lacoursière Réjean
* Jogging, Le, Chevalier Richard
Jouez gagnant au golf, Brien Luc
Larry Robinson, le jeu défensif, Robinson Larry
* Lutte olympique, La, Sauvé Marcel
* Manuel de pilotage, Transport Canada

* Marathon pour tous, Anctil Pierre
Maxi-performance, Garfield Charles A. et Bennett Hal Zina
* Médecine sportive, Mirkin Dr Gabe
Mon coup de patin, Wild John
Musculation pour tous, Laferrière Serge
Natation de compétition, La, Lacoursière Réjean
Partons en camping, Satterfield Archie et Bauer Eddie
Partons sac au dos, Satterfield Archie et Bauer Eddie
Passes au hockey, Champleau Claude
Pêche à la mouche, La, Marleau Serge
Pêche à la mouche, Vincent Serge-J.
Pêche au Québec, La, Chamberland Michel
* Planche à voile, La, Maillefer Gérald
* Programme XBX, Aviation Royale du Canada
Provencher, le dernier coureur des bois, Provencher Paul
Racquetball, Corbeil Jean
Racquetball plus, Corbeil Jean
Raquette, La, Osgoode William
* Rivières et lacs canotables, Fédération québécoise du canot-camping
* S'améliorer au tennis, Chevalier Richard
Secrets du baseball, Les, Raymond Claude
Ski de fond, Le, Roy Benoît
* Ski de randonnée, Le, Corbeil Jean
Soccer, Le, Schwartz Georges
Stratégie au hockey, Meagher John W.
Surhommes du sport, Les, Desjardins Maurice
* Taxidermie, La, Labrie Jean
Techniques du billard, Morin Pierre
* Technique du golf, Brien Luc
Techniques du hockey en URSS, Dyotte Guy
* Techniques du tennis, Ellwanger
* Tennis, Le, Roch Denis
Tous les secrets de la chasse, Chamberland Michel
Vivre en forêt, Provencher Paul
Voie du guerrier, La, Di Villadorata
Volley-ball, Le, Fédération de volley-ball
Yoga des sphères, Le, Leclerq Bruno

le jour,
éditeur

## ANIMAUX

**Guide du chat et de son maître,** Laliberté Robert
**Guide du chien et de son maître,** Laliberté Robert

**Poissons de nos eaux,** Melançon Claude

## ART CULINAIRE ET DIÉTÉTIQUE

**Armoire aux herbes, L',** Mary Jean
**Breuvages pour diabétiques,** Binet Suzanne
**Cuisine du jour, La,** Pauly Robert
**Cuisine sans cholestérol,** Boudreau-Pagé
**Desserts pour diabétiques,** Binet Suzanne
**Jus de santé, Les,** Brunet Jean-Marc

**Mangez ce qui vous chante,** Pearson Dr Leo
**Mangez, réfléchissez et devenez svelte,** Kothkin Leonid
**Nutrition de l'athlète,** Brunet Jean-Marc
**Recettes Soeur Berthe - été,** Sansregret soeur Berthe
**Recettes Soeur Berthe - printemps,** Sansregret soeur Berthe

## ARTISANAT/ARTS MÉNAGERS

**Diagrammes de courtepointes,** Faucher Lucille
**Douze cents nouveaux trucs,** Grisé-Allard Jeanne
**Encore des trucs,** Grisé-Allard Jeanne

**Mille trucs madame,** Grisé-Allard Jeanne
**Toujours des trucs,** Grisé-Allard Jeanne

## DIVERS

**Administrateur de la prise de décision,** Filiatreault P. et
    Perreault Y.G.
**Administration, développement,** Laflamme Marcel
**Assemblées délibérantes,** Béland Claude
**Assoiffés du crédit, Les,** Féd. des A.C.E.F.
**Baie James, La,** Bourassa Robert
**Bien s'assurer,** Boudreault Carole
**Cent ans d'injustice,** Hertel François
**Ces mains qui vous racontent,** Boucher André-Pierre
**550 métiers et professions,** Charneux Helmy
**Coopératives d'habitation, Les,** Leduc Murielle
**Dangers de l'énergie nucléaire, Les,** Brunet Jean-Marc

**Dis papa c'est encore loin,** Corpatnauy Francis
**Dossier pollution,** Chaput Marcel
**Énergie aujourd'hui et demain,** De Martigny François
**Entreprise et le marketing, L',** Brousseau
**Forts de l'Outaouais, Les,** Dunn Guillaume
**Grève de l'amiante, La,** Trudeau Pierre
**Hiérarchie ethnique dans la grande entreprise,** Rainville
    Jean
**Impossible Québec,** Brillant Jacques
**Initiation au coopératisme,** Béland Claude
**Julius Caesar,** Roux Jean-Louis
**Lapokalipso,** Duguay Raoul

Lune de trop, Une, Gagnon Alphonse
Manifeste de l'Infonie, Duguay Raoul
Mouvement coopératif québécois, Deschêne Gaston
Obscénité et liberté, Hébert Jacques
Philosophie du pouvoir, Blais Martin
Pourquoi le bill 60, Gérin-Lajoie P.

Stratégie et organisation, Desforges Jean et Vianney C.
Trois jours en prison, Hébert Jacques
Vers un monde coopératif, Davidovic Georges
Vivre sur la terre, St-Pierre Hélène
Voyage à Terre-Neuve, De Gébineau comte

# ENFANCE

Aidez votre enfant à choisir, Simon Dr Sydney B.
Deux caresses par jour, Minden Harold
Être mère, Bombeck Erma
Parents efficaces, Gordon Thomas

Parents gagnants, Nicholson Luree
Psychologie de l'adolescent, Pérusse-Cholette Françoise
1500 prénoms et significations, Grisé Allard J.

# ÉSOTÉRISME

* Astrologie et la sexualité, L', Justason Barbara
Astrologie et vous, L', Boucher André-Pierre
* Astrologie pratique, L', Reinicke Wolfgang
Faire se carte du ciel, Filbey John
Grand livre de la cartomancie, Le, Von Lentner G.
* Grand livre des horoscopes chinois, Le, Lau Theodora
Graphologie, La, Cobbert Anne
* Horoscope et énergie psychique, Hamaker-Zondag
Horoscope chinois, Del Sol Paula

Lu dans les cartes, Jones Marthy
* Pendule et baguette, Kirchner Georg
* Pratique du tarot, La, Thierens E.
Preuves de l'astrologie, Comiré André
Qui êtes-vous? L'astrologie répond, Tiphaine
Synastrie, La, Thornton Penny Traité d'astrologie, Hirsig
Huguette
Votre destin par les cartes, Dee Nerys

# HISTOIRE

Administration en Nouvelle-France, L', Lanctot Gustave
Histoire de Rougemont, Bédard Suzanne
Lutte pour l'information, La, Godin Pierre
Mémoires politiques, Chaloult René
Rébellion de 1837, Saint-Eustache, Globensky Maximillien

Relations des Jésuites T.2
Relations des Jésuites T.3
Relations des Jésuites T.4
Relations des Jésuites T.5

# JEUX/DIVERTISSEMENTS

Backgammon, Lesage Denis

# LINGUISTIQUE

Des mots et des phrases, T. 1,, Dagenais Gérard
Des mots et des phrases, T. 2, Dagenais Gérard

Joual de Troie, Marcel Jean

# NOTRE TRADITION

Ah mes aïeux, Hébert Jacques

Lettre à un Français qui veut émigrer au Québec, Dubuc Carl

# OUVRAGES DE RÉFÉRENCE

Petit répertoire des excuses, Le, Charbonneau Christine et Caron Nelson

Règles d'or de la vente, Les, Kahn George N.

# PSYCHOLOGIE

11

S'aimer ou le défi des relations humaines,
Buscaglia Léo
Se vider dans la vie et au travail, Pines Ayala M.
* Secrets de la communication, Bandler Richard
Sous le masque du succès, Harvey Joan C. et Datz Cynthia
* Succès par la pensée constructive, Le, Hill Napoléon
Technostress, Brod Craig
* Thérapies au féminin, Les, Brunel Dominique
Tout ce qu'il y a de mieux, Vincent Raymond
Triomphez de vous-même et des autres, Murphy Dr Joseph

Univers de mon subsconscient, L', Dr Ray Vincent
Vaincre la dépression par la
volonté et l'action, Marcotte Claude
Vers le succès, Kassoria Dr Irène C.
* Vieillir en beauté, Oberleder Muriel
Vivre avec les imperfections de l'autre, Janda Dr Louis H.
* Vivre c'est vendre, Chaput Jean-Marc
* Vivre heureux avec le strict nécessaire, Kirschner Josef
Votre perception extra sensorielle, Milan Dr Ryzl
Votre talon d'Achille, Bloomfield Dr. Harold

# ROMANS/ESSAIS

À la mort de mes 20 ans, Gagnon P.O.
Affrontement, L', Lamoureux Henri
Bois brûlé, Roux Jean-Louis
100 000e exemplaire, Le, Dufresne Jacques
C't'a ton tour Laura Cadieux, Tremblay Michel
Cité dans l'oeuf, La, Tremblay Michel
Coeur de la baleine bleue, Le Poulin Jacques
Coffret petit jour, Martucci Abbé Jean
Colin-Maillard, Hémon Louis
Contes pour buveurs attardés, Tremblay Michel
Contes érotiques indiens, Schwart Herbert
Crise d'octobre, Pelletier Gérard
Cyrille Vaillancourt, Lamarche Jacques
Desjardins Al., Homme au service, Lamarche Jacques
De Z à A, Losique Serge
Deux Millième étage, Le, CarrierRoch
D'Iberville, Pellerin Jean
Dragon d'eau, Le, Holland R.F.
Équilibre instable, L', Deniset Louis
Éternellement vôtre, Péloquin Claude
Femme d'aujourd'hui, La, Landsberg Michele
Femme de demain, Keeton Kathy
Femmes et politique, Cohen Yolande
Filles de joie et filles du roi, Lanctot Gustave
Floralie où es-tu, Carrier Roch

Fou, Le, Châtillon Pierre
Français langue du Québec, Le, Laurin Camille
Hommes forts du Québec, Weider Ben
Il est par là le soleil, Carrier Roch
J'ai le goût de vivre, Delisle Isabelle
J'avais oublié que l'amour, Doré-Joyal Yves
Jean-Paul ou les hasards de la vie, Bellier Marcel
Johnny Bungalow, Villeneuve Paul
Jolis Deuils, Carrier Roch
Lettres d'amour, Champagne Maurice
Louis Riel patriote, Bowsfield Hartwell
Louis Riel un homme à pendre, Osier E.B.
Ma chienne de vie, Labrosse Jean-Guy
Marche du bonheur, La, Gilbert Normand
Mémoires d'un Esquimau, Metayer Maurice
Mon cheval pour un royaume, Poulin J.
Neige et le feu, La, Baillargeon Pierre
N'Tsuk, Thériault Yves
Opération Orchidée, Villon Christiane
Orphelin esclave de notre monde, Labrosse Jean
Oslovik fait la bombe, Oslovik
Parlez-moi d'humour, Hudon Normand
Scandale est nécessaire, Le, Baillargeon Pierre
Vivre en amour, Delisle Lapierre

# SANTÉ

Alcool et la nutrition, L', Brunet Jean-Marc
Bruit et la santé, Le, Brunet Jean-Marc
Chaleur peut vous guérir, La, Brunet Jean-Marc
Échec au vieillissement prématuré, Blais J.
Greffe des cheveux vivants, Guy Dr
Guérir votre foie, Jean-Marc Brunet
Information santé, Brunet Jean-Marc
Magie en médecine, Sylva Raymond
Maigrir naturellement, Lauzon Jean-Luc

Mort lente par le sucre, Duruisseau Jean-Paul
40 ans, âge d'or, Taylor Eric
Recettes naturistes pour arthritiques et rhumatisants,
Cuillerier Luc
Santé de l'arthritique et du rhumatisant, Labelle Yvan
* Tao de longue vie, Le, Soo Chee
Vaincre l'insomnie, Filion Michel,Boisvert Jean-Marie,
Melanson Danielle
Vos aliments sont empoisonnés, Leduc Paul

# SEXOLOGIE

* **Aimer les hommes pour toutes sortes de bonnes raisons,** Nir Dr Yehuda
* **Apprentissage sexuel au féminin, L'**, Kassoria Irene
* **Comment faire l'amour à la même personne pour le reste de votre vie,** O'Connor Dagmar
* **Comment faire l'amour à un homme,** Penney Alexandra
* **Comment faire l'amour ensemble,** Penney Alexandra
**Dépression nerveuse et le corps, La,** Lowen Dr Alexander
**Drogues, Les,** Boutot Bruno

**Femme célibataire et la sexualité, La,** Robert M.
* **Jeux de nuit,** Bruchez Chantal
**Magie du sexe, La,** Penney Alexandra
* **Massage en profondeur, Le,** Bélair Michel
**Massage pour tous, Le,** Morand Gilles
**Première fois, La,** L'Heureux Christine
**Rapport sur l'amour et la sexualité,** Brecher Edward
**Sexualité expliquée aux adolescents, La,** Boudreau Yves
**Sexualité expliquée aux enfants, La,** Cholette Pérusse F.

# SPORTS

**Baseball-Montréal,** Leblanc Bertrand
**Chasse au Québec,** Deyglun Serge
**Chasse et gibier du Québec,** Guardon Greg
**Exercice physique pour tous,** Bohemier Guy
**Grande forme,** Baer Brigitte
**Guide des pistes cyclables,** Guy Côté
**Guide des rivières du Québec,** Fédération canot-kayac
**Lecture des cartes,** Godin Serge
**Offensive rouge, L',** Boulonne Gérard

**Pêche et coopération au Québec,** Larocque Paul
**Pêche sportive au Québec,** Deyglun Serge
**Raquette, La,** Lortie Gérard
**Santé par le yoga,** Piuze Suzanne
**Saumon, Le,** Dubé Jean-Paul
**Ski nordique de randonnée,** Brady Michael
**Technique canadienne de ski,** O'Connor Lorne
**Truite et la pêche à la mouche, La,** Ruel Jeannot
**Voile, un jeu d'enfants, La,** Brunet Mario

# ROMANS/ESSAIS/THÉATRE

**Andersen Marguerite,**
De mémoire de femme
**Aquin Hubert,**
Blocs erratiques
**Archambault Gilles,**
La fleur aux dents
Les pins parasols
Plaisirs de la mélancolie
**Atwood Margaret,**
Les danseuses et autres nouvelles
La femme comestible
Marquée au corps
**Audet Noël,**
Ah, L'amour l'amour

**Baillie Robert,**
La couvade
Des filles de beauté
**Barcelo François,**
Agénor, Agénor, Agénor et Agénor
**Beaudin Beaupré Aline,**
L'aventure de Blanche Morti
**Beaudry Marguerite,**
Tout un été l'hiver
**Beaulieu Germaine,**
Sortie d'elle(s) mutante

**13**

**Marchessault Jovette,**
   La mère des herbes
**Marcotte Gilles,**
   La littérature et le reste
**Marteau Robert,**
   Entre temps
**Martel Émile,**
   Les gants jetés
**Martel Pierre,**
   Y'a pas de métro à Gélude-
   La-Roche
**Monette Madeleine,**
   Le double suspect
   Petites violences
**Monfils Nadine,**
   Laura Colombe, contes
   La velue
**Ouellette Fernand,**
   La mort vive
   Tu regardais intensément Geneviève
**Paquin Carole,**
   Une esclave bien payée
**Paré Paul,**
   L'improbable autopsie
**Pavel Thomas,**
   Le miroir persan
**Poupart Jean-Marie,**
   Bourru mouillé
**Robert Suzanne,**
   Les trois soeurs de personneVulpera
**Robertson Heat,**
   Beauté tragique

**Ross Rolande,**
   Le long des paupières brunes
**Roy Gabrielle,**
   Fragiles lumières de la terre
**Saint-Georges Gérard,**
   1, place du Québec Paris VIe
**Sansfaçon Jean-Robert,**
   Loft Story
**Saurel Pierre,**
   IXE-13
**Savoie Roger,**
   Le philosophe chat
**Svirsky Grigori,**
   Tragédie polaire, nouvelles
**Szucsany Désirée,**
   La passe
**Thériault Yves,**
   Aaron
   Agaguk
   Le dompteur d'ours
   La fille laide
   Les vendeurs du temple
**Turgeon Pierre,**
   Faire sa mort comme faire l'amour
   La première personne
   Prochainement sur cet écran
   Un, deux, trois
**Trudel Sylvain,**
   Le souffle de l'Harmattan
**Vigneault Réjean,**
   Baby-boomers

# COLLECTIFS DE NOUVELLES

Fuites et poursuites
Dix contes et nouvelles fantastiques
Dix nouvelles humoristiques

Dix nouvelles de science-fiction québécoise
Aimer
Crever l'écran

# LIVRES DE POCHES 10/10

**Aquin Hubert,**
   Blocs erratiques
**Brouillet Chrystine,**
   Chère voisine
**Dubé Marcel,**
   Un simple soldat
**Gélinas Gratien,**
   Bousille et les justes
   Ti-Coq
**Harvey Jean-Charles,**
   Les demi-civilisés

**Laberge Albert,**
   La scouine
**Thériault Yves,**
   Aaron
   Agaguk
   Cul-de-sac
   La fille laide
   Le dernier havre
   Le temps du carcajou
   Tayaout

**Turgeon Pierre,**
Faires sa mort comme faire l'amour
La première personne

## NOTRE TRADITION

**Aucoin Gérard,**
L'oiseau de la vérité
**Bergeron Bertrand,**
Les barbes-bleues
**Deschênes Donald,**
C'était la plus jolie des filles
**Desjardins Philémon et Gilles Lamontagne,**
Le corbeau du mont de la Jeunesse
**Dupont Jean-Claude,**
Contes de bûcherons

**Gauthier Chassé Hélène,**
À diable-vent
**Laforte Conrad,**
Menteries drôles et merveilleuse
**Légaré Clément,**
La bête à sept têtes
Pierre La Fève

## DIVERS

**A.S.D.E.Q.,**
Québec et ses partenaires
Qui décide au Québec?
**Bailey Arthur,**
Pour une économie du bon sens
**Bergeron Gérard,**
Indépendance oui mais
**Bowering George,**
En eaux trouble
**Boissonnault Pierre,**
L'hybride abattu
**Collectif Clio,**
L'histoire des femmes au Québec
**Clavel Maurice,**
Dieu est Dieu nom de Dieu
**Centre des dirigeants d'entreprise,**
Relations du travail
**Creighton Donald,**
Canada - Les débuts
héroïques
**De Lamirande Claire,**
Papineau
**Dupont Pierre,**
15 novembre 76
**Dupont Pierre et Gisèle Tremblay,**
Les syndicats en crise
**Fontaine Mario**
Tout sur les p'tits journaux z'artistiques
**Gagnon G., A. Sicotte et G. Bourrassa,**
Tant que le monde s'ouvrira
**Gamma groupe,**

La société de conservation
**Garfinkel Bernie,**
Liv Ullmann Ingmar Bergman
**Genuist Paul,**
La faillite du Canada anglais
**Haley Louise,**
Le ciel de mon pays, T.1
Le ciel de mon pays, T.2
**Harbron John D.,**
Le Québec sans le Canada
**Hébert Jacques et Maurice F. Strong,**
Le grand branle-bas
**Matte René,**
Nouveau Canada à notre mesure
**Monnet François-Mario,**
Le défi québécois
**Mosher Terry-Ailsin,**
L'humour d'Aislin
**Pichette Jean,**
Guide raisonné des jurons
**Powell Robert,**
L'esprit libre
**Roy Jean,**
Montréal ville d'avenir
**Sanger Clyde,**
Sauver le monde
**Schirm François,**
Personne ne voudra savoir
**Therrien Paul,**
Les mémoires de J.E.Bernier

Achevé    Imprimerie
d'imprimer  Gagné Ltée
au Canada  Louiseville